Die Toten Von Ascona

von

Karin B. Redecker

Roman

Impressum

64625 Bensheim-Auerbach, Am Höllberg
Kontakt: mailbox@karin-redecker.de
Twitter: https://twitter.com/KarinRedecker
Facebook: www.facebook.com/pages/K.B.Redecker
Bildmaterial: K. B. Redecker,
Titel/Fotos/Layout: Karin B. Redecker
www.karin-redecker.de

Herstellung und Druck über tolino media GmbH & Co. KG,
Albrechtstr. 14, 80636 München. Printed in Germany.
Fragen zu Produktsicherheit an: gpsr@tolino.media.

Über die Autorin
Karin B. Redecker absolvierte eine Verlagsausbildung bei einer bekannten Frankfurter Tageszeitung.
Sie arbeitete später viele Jahre, gemeinsam mit ihrem Mann, als Redakteurin und Layouterin im eigenen Verlag, bevor sie sich in Italien niederließ.
Dort hatte sie endlich die Zeit gefunden, mit dem Romanschreiben anzufangen und es entstanden hier ihre ersten beiden Romane.
Die Pflegebedürftigkeit der Mutter und der Tochter holte sie jedoch wieder aus Italien zurück. Hier folgten weiterere Romane und da das Dichten schon immer zu ihren Leidenschaften gehörte, kamen auch noch zwei Gedichtbände hinzu, die sie stets mit einem Augenzwinkern niedergeschrieben hat.
Sie selbst sagt über sich: Schreiben macht mir Freude und ich möchte die Leser nur gut unterhalten. Mein Kopf ist voller Geschichten, denn wie sang einst André Heller: »Die wahren Abenteuer sind im Kopf und sind sie nicht im Kopf, dann sind sie nirgendwo!«

Buchbeschreibung

Die Geschichte spielt in Frankfurt und in Italien.
Der Frankfurter Anlageberater Philipp Sandter will sein Leben neu ordnen und zieht, gemeinsam mit seiner Frau Silvia, an den Lago Maggiore in eine große Villa mit traumhaft schönem Seeblick.

Sein Büro in Frankfurt überlässt er seiner engsten Vertrauten Luisa, mit der ihn eine ganz besondere Beziehung verbindet.

Luisa hat schlechte Nachrichten für ihn und bittet ihn, schnellstens nach Frankfurt zu kommen, weil die Staatsanwaltschaft gegen ihn wegen eines Börsengangs ermittelt.

Philipp, dessen Ehe schon seit Jahren nur noch auf dem Papier besteht, muss sich vor seiner Abreise noch Unterlagen aus seiner Villa holen. Dabei belauscht er ein Gespräch seiner Frau mit einem Unbekannten, das ihn doch sehr beunruhigt.

Silvia, der Philipp bereits gesagt hat, dass er sich von ihr trennen will, versucht alles, um ihren hohen Lebensstandard beizubehalten. Sie hat auch schon einen Plan, wie sie an Philipps großes Vermögen kommen kann.
Philipp spürt, dass Silvia etwas im Schilde führt und ist von nun an besonders wachsam.
Die Ereignisse überschlagen sich ...

Inhaltsverzeichnis

Ascona (Tessin)
am Ufer des Lago Maggiore

Silvia kauft ein

»Wie gefällt ihnen denn dieser Mantel?«, fragte die junge Boutique-Verkäuferin mit einem gequält süffisanten Lächeln und reichte ihn schwungvoll der eleganten Dame in die Umkleidekabine. Ohne jedoch den Vorhang zur Seite zu ziehen. Zugleich schaute sie mit einem verdrossenen Blick zu ihrer älteren Kollegin und verdrehte dabei genervt die Augen. Aber so, dass es die Kundin nicht sehen konnte. Dann machte sie ein paar eindeutige Faxen und tippte geräuschlos auf ihre Armbanduhr, um ihrer Kollegin zu signalisieren, dass bereits in wenigen Minuten Feierabend sei. Die amüsiert schauende Kollegin grinste sie mit einem Achselzucken nur verschmitzt an und war bereits dabei, die anprobierte und verstreut herum liegende Ware wieder ins Regal zu räumen. Konnten denn diese exzentrischen Kundinnen, die doch den ganzen Tag nichts anderes zu tun hatten, nicht früher einkaufen gehen? Aber nein, kurz vor Ladenschluss müssen ja diese verwöhnten Ladys unsereins drangsalieren, dachte sie ärgerlich. Denn sie wollte heute zügig fertig werden und den Laden sofort nach Ladenschluss verlassen. Sie hatte sich mit ihrem Mann in einem Restaurant verabredet.

Es war bereits der sechste Mantel, der herbeigeholt wurde und keiner wollte der anspruchsvollen Kundin so recht gefallen.

»Sehr wählerisch, die Dame«, zischte die jüngere Verkäuferin leise ihrer Kollegin im Vorbeigehen zu und zog einen weiteren Mantel aus dem Kleiderständer.

»Bitte bringen Sie mir diesen eine Nummer kleiner«, tönte es gleich darauf arrogant aus der Kabine. Ein braun gebrannter ausgestreckter Arm, mit reichlich Schmuck behangen, reichte einen dunkelblauen Kaschmirmantel aus

der leicht geöffneten Kabinentür heraus. »Sehr gern, Signora Sandter!«
Sie holte eilig den Mantel in einer kleineren Größe und gab ihn an die Kundin mit einem »Prego Signora« weiter. Kurz darauf öffnete sich mit einem Schwung die Kabinentür und Signora Sandter, eine gepflegte und elegante Mittvierzigerin, trat heraus und schaute sich selbstgefällig im Spiegel an.
»Nun, was meinen Sie? Der sieht doch gut aus, oder?« Dabei drehte sie sich schwungvoll nach allen Seiten und lächelte ihrem Spiegelbild selbstgefällig zu. Ohne eine Antwort auf ihre Frage abzuwarten, meinte sie bestimmt: »Ja, der ist schön, den nehme ich. Bitte legen Sie ihn zu den anderen Sachen und schicken Sie mir alles zusammen nach Hause. Die Adresse haben Sie ja.«
»Sehr gern Signora. Da haben Sie sich ja wieder einmal das beste Stück ausgesucht. Wie immer haben Sie einen exzellenten Geschmack bewiesen«, säuselte die Verkäuferin und nahm den Mantel in Empfang, um ihn zu den anderen, nicht weniger teuren Kleidungsstücken, auf den Tresen zu legen.
Die Kundin reichte ihr ihre Kreditkarte und die übliche Bezahl-Prozedur wurde in der kleinen, exklusiven Boutique abgewickelt.
»Einen schönen Tag noch und beehren Sie uns bald wieder«, flötete sie der Kundin beim Öffnen der Ladentür hinterher und schaute noch einige Sekunden neidisch der eleganten Frau nach, bis diese die Straße überquert hatte.
»So ein Leben wie die möchte ich auch mal haben. Gerade mal so nebenbei viertausend Franken ausgeben. Und alles natürlich nur vom Feinsten«, seufzte sie neidisch und wiegte dabei ihren Kopf hin und her. Schnell schloss sie

die Ladentür ab und schaute dabei ihre Kollegin, die bereits im Mantel vor ihr stand, mit einem bedauernden Achselzucken an.
Silvia Sandter war eine auffällige Erscheinung. Stets perfekt und teuer gekleidet, mit einer untadeligen Frisur und nie ohne eines ihrer wertvollen Schmuckstücke.
Dass sie der gehobenen Gesellschaftsschicht angehörte, sah man auf den ersten Blick und sie demonstrierte dies auch gern in der Öffentlichkeit.
Es war ihr wichtig, dass jeder hier in Ascona sie mit gebührendem Respekt behandelte. Niemals sollte man auch nur annähernd vermuten, dass sie vielleicht aus ärmlichen Verhältnissen stammen könnte. Dieser Gedanke war ihr unerträglich.
Für die Leute war sie die schöne Ehefrau von Philipp Sandter, dem erfolgreichen und äußerst betuchten deutschen Anlageberater, der mit ihr oben in Ascona, ganz in der Nähe des ›Monte Verità‹, dem Berg der Wahrheit, in einer Luxusvilla wohnte und ein sehr zurückgezogenes Leben führte.
Man tuschelte, dass er sich ganz vom Berufsleben zurückgezogen habe. Aber etwas Genaues wusste niemand so recht. Man war diskret in dieser noblen, italienischsprachigen Ecke der Schweiz, in der so einige Millionäre aus aller Herren Länder ihr Domizil aufgeschlagen hatten. Und alle lebten gut davon. Der Kanton, der die Steuern kassierte, die Handwerker, die immer gut zu tun hatten, wie auch die Geschäftsinhaber der teuren, exklusiven Läden, die gern die Fränkli der Reichen entgegennahmen. Und Habenichtse wollte man hier sowieso nicht haben, die sollten sich besser fernhalten und diesen exklusiven Ort am besten meiden.

Silvia schlenderte langsam durch die engen Gassen der Altstadt von Ascona, bevor sie sich zum Abschluss ihres Einkaufsbummels an einen der kleinen Restauranttische auf der ›Piazza Motta‹ setzte, um in der warmen Herbstsonne noch ein Glas Champagner zu trinken. Sie hatte noch keine Lust nach Hause zu gehen – in ihre Einöde – wie sie ihr neues Domizil gern nannte.
Seit ihrem Umzug vor einem Jahr von Frankfurt nach Ascona lebte sie mit ihrem Mann sehr zurückgezogen. Was sie aber so gar nicht freute.
Sie war eine gesellige Natur, die gern im Mittelpunkt gesellschaftlicher Ereignisse stand und ihr unfreiwilliger Rückzug aus dem Frankfurter Gesellschaftsleben entsprach überhaupt nicht ihren Vorstellungen. Sie nahm es Philipp übel, dass sie beide seit ihrem Umzug keine Einladungen mehr ausgesprochen hatten. Er sträubte sich auch gegen jegliche Versuche ihrerseits, Einladungen anzunehmen. Geschweige denn, selbst welche auszusprechen. Lediglich die umliegenden Nachbarn durfte sie nach längerem Lamentieren auf einen kleinen Begrüßungsschluck einladen. Aber es waren alles nur ältere Leute, die schon sehr lange hier wohnten und deshalb für sie nicht von Interesse. Sie verstand Philipp überhaupt nicht und sehnte sich zurück nach Frankfurt. Dort hatte sie ihren eigenen Freundeskreis, unabhängig von ihrem Mann, der fast immer nur in Geschäften unterwegs war.
Sie war Mitglied im Golf- und Tennisklub, wenn auch in beiden Sportarten nicht besonders erfolgreich. Aber das Klubleben bot ihr zwangsläufig die gesellschaftliche Abwechslung, die sie brauchte. Die vielen Feste und die kleineren Flirts mit den männlichen Mitgliedern waren für sie das Lebenselixier, das sie beflügelte. Auch die eine oder

andere Affäre hatte sich hier angebahnt. Sie brauchte die Bewunderung der Männer und eine Bestätigung dafür, begehrt zu werden. Das alles vermisste sie schmerzlich, seit sie hier an den See gezogen waren. Aber sie hatte keine andere Wahl, wollte sie nicht auf all den Luxus verzichten.

Philipp hatte sich schon seit einiger Zeit sehr verändert. Er konnte und wollte ihr das alles nicht mehr bieten. Sie verstand ihn immer weniger.

Als sie Philipp kennenlernte, war sie vierundzwanzig Jahre alt und anfangs tatsächlich in ihn verliebt. Wenn sie auch heute nicht mehr genau sagen konnte, wen sie mehr geliebt hatte, ihn oder sein Geld.

Er war zwanzig Jahre älter als sie, war damals vierundvierzig Jahre alt und sah wirklich sehr gut aus. Groß, leicht ergraute Schläfen, schöne braune Augen und stets sehr gepflegt. Wenn er sie mit seinem Jaguar von ihrer damaligen Firma abholte, in der sie als zweite Sekretärin beschäftigt war, spürte sie die neidischen Blicke ihrer Kolleginnen, die ihr vom Fenster aus nachsahen. Zur anfänglichen Verliebtheit kam jedoch schon bald die Berechnung und ihr war klar, dass sie sich diesen Mann unbedingt angeln musste. Sie hatte sicherheitshalber ein bisschen nachgeholfen und heimlich die Pille abgesetzt. Deshalb war es nicht verwunderlich, dass sie kurz darauf schwanger wurde. Genauso hatte sie sich das vorgestellt. Und ihr Plan sollte aufgehen.

Philipp fiel anfangs aus allen Wolken und war sehr überrascht. Ja fast schockiert. Natürlich hatte er vorausgesetzt, dass Silvia die Pille nahm. Trotzdem machte er ihr, wie von ihr kalkuliert, einen Heiratsantrag und es gab für sie kein Halten mehr. Diesen Mann wollte sie heiraten und

endlich so leben, wie es sich für sie gehörte. Luxuriös und ohne Sorgen für die Zukunft.
Dass sie im sechsten Monat eine Fehlgeburt hatte, konnte sie schließlich nicht vorhersehen, aber es kam ihr nicht ungelegen, da sie eigentlich überhaupt keine Kinder haben wollte und ihre Schwangerschaft nur ein Mittel zum Zweck war. Und dieser Zweck war erfüllt. Philipp hatte sie aus Anstand geheiratet, wie sie anfangs dachte. Nach ihrer Fehlgeburt merke sie aber sehr schnell, dass auch ihm Kinder unwichtig waren. Mittlerweile wusste sie, das hatte er ihr in einem Streit gesagt, dass er sie nur geheiratet hatte, weil er ein junges, hübsches und repräsentatives Aushängeschild als Geschäftsmann brauchte, das er auf Veranstaltungen und Partys vorzeigen konnte. Sozusagen als schmückendes Beiwerk zu seiner Person. Schließlich war sie damals, wie auch heute, eine wunderschöne Frau, nach der sich nicht nur die Männer umdrehten. Seine Liebe zu ihr hielt sich demnach in Grenzen und sie war sich nicht sicher, ob er sie überhaupt jemals geliebt hatte. Er sah in ihr die attraktive Frau an seiner Seite, die ihm den ganzen unangenehmen Kleinkram der unvermeidlichen privaten Dinge abnahm.
Sie bekam ein großzügiges Budget, um den Haushalt zu führen und die Villa, mit nobler Frankfurter Adresse, zu einem gesellschaftlichen Treffpunkt für wichtige und einflussreiche Leute zu machen. Das erwartete Philipp von ihr. Sie musste funktionieren und repräsentieren, und das tat sie auch.
Er dagegen lebte bis zu ihrem Umzug nach Ascona ganz und gar für seinen Beruf. Er kam immer sehr spät nach Hause und war nur darum bemüht, immer noch mehr Geld zu machen, was ihm auch reichlich gelang.

Obwohl Silvia sehr eitel war und es an ihrem Image kratzte, dass er ihr nicht restlos verfallen war, war es ihr mehr und mehr egal, was er für sie empfand. Solange sie nur tun und lassen konnte, was sie wollte. Hauptsache es ging ihr gut und sie konnte all die schönen Dinge kaufen, die ihr gefielen. Nie wollte sie, wie früher, jeden Pfennig dreimal umdrehen. Sie war vaterlos aufgewachsen.
Ihr Erzeuger hatte sich schon vor ihrer Geburt aus dem Staub gemacht und sich nie wieder sehen lassen. So flossen auch keine Alimente. Und ihre Mutter, die damals noch sehr jung war und nur eine schlecht bezahlte Stelle als Sachbearbeiterin in einer Versicherung hatte, musste sehen, wie sie mit ihrem unehelichen Kind über die Runden kam. Sie lebte mit ihr in einer kleinen Sozialbauwohnung am Rande der Stadt.
Stets war das Geld knapp und die schönen Dinge, für die sie sich schon immer begeistern konnte, waren unerreichbar. Nie konnte sie mit ihren Klassenkameradinnen mithalten, die fast ausnahmslos aus einem guten Elternhaus stammten und stets die angesagten Klamotten trugen. Das war wohl mit einer der Gründe, warum sie zwei Jahre vor dem Abitur die Schule verließ und eine Sekretärinnen-Schule besuchte, um möglichst schnell an eigenes Geld zu kommen.
»Sieh zu, dass du mal reich heiratest und dass es dir nicht so wie mir ergeht«, war der Standardsatz ihrer Mutter, seit Silvia in die Pubertät kam. Deshalb war ihre Freude besonders groß, als Silvia ihr Philipp als zukünftigen Schwiegersohn vorstellte. Das war genau das Leben, das sie sich für ihre Tochter gewünscht hatte. Und ein bisschen profitierte sie ja auch davon, denn Philipp überwies ihr ein monatliches Taschengeld, von dem sie allein schon

ihre Miete bezahlen konnte. Und nun waren sie schon genau zwanzig Jahre verheiratet. Langweilige Ehejahre, wie sie sich eingestand.
Philipp entpuppte sich von Jahr zu Jahr mehr zum Eigenbrötler, der lieber in einer Ecke saß und irgendwelche Wirtschaftsnachrichten oder wissenschaftliche Abhandlungen las, als sich um seine junge Frau zu kümmern. Offensichtlich hielt er recht wenig von ihrer Gesellschaft und Meinung und sein häufigster Satz war: »Das verstehst du doch sowieso nicht.« So hatten sie sich im Laufe der Jahre immer mehr voneinander entfernt und lebten nebeneinander her. Jeder machte einfach das, was er wollte.
Dann kam Philipp plötzlich völlig unerwartet mit seinen Umzugsplänen nach Ascona. Ohne sie vorher zu fragen, hatte er bestimmt, dass sie demnächst in den italienischen Teil der Schweiz umziehen würden. »Wenn du nicht mitkommst, kannst du ja allein hierbleiben«, war seine lapidare Antwort auf ihr Gejammer.
Das käme einer Scheidung gleich, das war ihr sofort klar. Er sagte das ohne Emotionen, knallhart. Und dies nach all den vielen Jahren; in denen sie ihm ihre Jugend geopfert hatte.
Das Dumme an der Sache war nur, dass sie vor ihrer Heirat einen Ehevertrag abgeschlossen hatten und ihr demnach nach einer Scheidung nur ein monatliches Almosen zustand. Auf jeden Fall würde sie von diesen Zahlungen ihren derzeitigen Lebensstandard nicht halten können und drastische Abstriche machen müssen. Das passte ihr natürlich überhaupt nicht in den Kram und sie wollte eine Scheidung auf jeden Fall verhindern. Also fügte sie sich seinen Plänen und zog mit ihm in den Süden der Schweiz.

Philipp und Luisa

Der lange Klingelton ertönte nun schon zum fünften Mal und niemand nahm den Hörer ab.
Merkwürdig, dachte Philipp Sandter und legte enttäuscht auf. Luisa müsste eigentlich um diese Zeit zu Hause sein. Er wollte ihr mitteilen, dass er am Mittwochabend wieder in Frankfurt sein werde und sie am Abend noch gern sehen wollte. Seit er in Ascona wohnte, trafen sie sich in regelmäßigem Rhythmus in Frankfurt in seiner neuen Maisonettewohnung, die er als deutschen Wohnsitz gekauft hatte und von der Silvia nichts wusste. Er hasste Hotels und das ganze Brimborium, das in diesen Häusern herrschte. Er wollte in Ruhe gelassen werden und ungestört seinen Geschäften nachgehen. Ohne von übereifrigen Bediensteten belästigt zu werden. So hatte er sich alles Notwendige für ein gut funktionierendes Büro in dieser luxuriösen Wohnung einbauen lassen. Luisa kümmerte sich um die Reinigung, füllte seinen Kühlschrank nach und bereitete alles für einen angenehmen Aufenthalt vor. Silvia hatte nach ihrem Umzug nach Ascona nie danach gefragt, wo eigentlich seine neuen Büroräume lagen. Es interessierte sie nicht die Bohne.
Was Luisa anbetraf, hatte er große Schuldgefühle, die ihn einfach nicht losließen und deren er sich mächtig schämte. Luisa war die Tochter seiner ehemaligen Freundin Eva, die als angesehene Journalistin arbeitete. Sie hatten vor vielen Jahren eine kurze, aber stürmische Affäre, die Eva plötzlich abrupt abbrach, als sie das Angebot eines bekannten Modemagazins aus Hamburg erhielt.
Seine Trauer war nur von kurzer Dauer, denn damals ging auch seine Karriere steil nach oben und die Auswahl an schönen Frauen war groß.

Er tröstete sich schon bald mit einer anderen und Eva war schnell vergessen.
So war er sehr überrascht, als sich Eva nach so vielen Jahren wieder bei ihm meldete. Er hatte ihren Werdegang sporadisch verfolgt und wusste, dass sie die Karriereleiter steil nach oben geklettert war und an der Spitze einer großen Redaktion stand.
Sie erzählte ihm von ihrer Tochter, die nach ihrem Wirtschaftsstudium gern an der Börse arbeiten würde und einer Anlaufstelle suchte. Da sei er ihr wieder eingefallen. Deshalb fragte sie unverbindlich an, ob er eventuell etwas für Luisa, so hieß die Tochter, tun könne.
Es wurde ein langes, freundschaftliches Telefonat, in dem all die vergangenen Jahre in Kurzform abgehandelt wurden und Philipp zum Schluss gern seine Bereitschaft signalisierte, Luisa helfen zu wollen. Sie machten einen Termin für Luisa in seinem Büro aus und versprachen, sich bald einmal zu treffen.
So trat Luisa in sein Leben und wurde schon bald seine beste Mitarbeiterin und rechte Hand, auf die er sich hundert Prozent verlassen konnte. Mit ihrer freundlichen und verbindlichen, und vor allen Dingen kompetenten Art war sie auch bei allen Mitarbeitern eine sehr beliebte und angesehene Kollegin.
Als er Luisa auch privat etwas näher kam, war sie schon über ein Jahr bei ihm angestellt. Er mochte diese hübsche Person von Anfang an. Ihr frisches und natürliches Wesen gefiel ihm und er schätzte ihre Diskretion, Zuverlässigkeit und Intelligenz. Eines Tages, sie hatten gerade einen ganz besonders lukrativen Coup gelandet, feierte er mit seinen Mitarbeitern diesen äußerst erfolgreichen Tag. Luisa ließ für alle vom gegenüberliegenden Italiener kleine Lecke-

reien mit Champagner anliefern. Alle beglückwünschten sich gegenseitig zu dem guten Geschäft und prosteten sich ausgelassen zu. Es war wieder einmal ein Siegertag für sein Büro, so ganz nach seinem Geschmack.
Luisa war an diesem großartigen Ergebnis nicht unbeteiligt. Sie hatte ihm wertvolle Informationen erarbeitet und gute Vorarbeit geleistet. Er fand es deshalb angemessen, sie an diesem Abend in ein teures Restaurant einzuladen. Zuvor teilte er ihr mit, dass er ihr Gehalt ab nächsten Ersten deutlich erhöhen wolle.
Luisa freute sich sehr und reagierte allerdings unerwartet. Sie lud ihn stattdessen kurz entschlossen zu sich nach Hause ein und wollte ihm bei dieser Gelegenheit ihre neue Wohnung zeigen und für sie beide etwas kochen. Sie habe alles im Haus und sei eine ausgezeichnete Köchin, versprach sie lächelnd.
»Einverstanden – ich rufe nur noch kurz meine Frau an und sage, dass ich etwas später komme«, sagte er und freute sich über die Einladung.
Sie waren mittlerweile schon so vertraut im Umgang miteinander, dass es ihn wirklich interessierte, wie Luisas Privatleben aussah. Schließlich verbrachte er mit ihr die meiste Zeit in seinem Büro und Luisa wusste mehr über ihn, als seine Frau je über ihn wusste. Der Abend entwickelte sich jedoch völlig unerwartet. Zuerst zeigte ihm Luisa ihre kleine, gemütlich eingerichtete Zwei-Zimmer-Wohnung in einer schicken Wohnanlage, ganz in der Nähe ihres Büros, und schaute sich dann den Inhalt ihres gut gefüllten Kühlschrankes an.
»Ich könnte uns Saltimbocca mit Fettuccine machen. Dazu einen Salat, und zum Nachtisch hätte ich Zitroneneis. Magst du das?«

»Bestens – ich mag italienisches Essen sehr«, freute sich Philipp.
Während sie in Windeseile mit geschickten Handgriffen ein köstliches Mahl zubereitete, füllte er die bereitstehenden Gläser mit Rotwein und schaute ihr beim Kochen vom Tresen aus zu.
Die ungezwungene Atmosphäre, das gute Essen und der reichlich geflossene Wein, waren wohl ursächlich dafür verantwortlich, dass der schöne Abend in Luisas Armen endete. Aber nein, es war mehr. Es war die Wärme und echte Zuneigung, die er bei Luisa spürte und ihr schöner, junger Körper, der sich ihm bedingungslos hingeben wollte.
Aber trotz seines großen Begehrens verlief der Abend anders, als er es sich gewünscht hatte. Sein kleiner Freund verweigerte sich aus unerklärlichen Gründen, sodass es nur zu ein paar Zärtlichkeiten zwischen ihnen kam, was ihm damals natürlich sehr peinlich war.
Aber Luisa zeigte sich sehr verständnisvoll und versuchte, der Situation alle Peinlichkeit zu nehmen. Für Philipp war das eine völlig neue Erfahrung, denn bei seinen bisherigen Affären, und da kamen schon einige zusammen, war ihm das noch nie passiert.
Es kratzte schon sehr an seinem Ego. Schließlich war er noch in den besten Jahren. Mit seinem Geld und seinem Einfluss flogen ihm die Frauen nur so zu, denn nichts war für ein bestimmtes Klientel von Frauen anziehender als Macht und Geld. Sie umschwärmten ihn wie Motten das Licht.
»Wenn du mich nur fest im Arm hältst, bin ich schon glücklich«, sagte sie und schmiegte sich zärtlich an ihn.
Sie gestand ihm, bereits seit Längerem hoffnungslos in

ihn verliebt zu sein, und verstand es durch ihre liebevolle Art, ihn ganz für sich zu gewinnen.
Sie war so anders als Silvia, die großen Wert auf Äußerlichkeiten legte, von einer Party zu anderen wanderte und stets den großen Auftritt suchte. Luisa war frei von solchen Oberflächlichkeiten. Sie hatte eine sehr natürliche Schönheit und Ausstrahlung, war klug und belesen und war – trotz aller Professionalität im Beruf – ein Mensch, der das einfache Leben und den Sinn hinter den Dingen suchte. Philipp konnte sich bei ihr völlig gehen lassen. Er schätzte es, ungezwungen und ohne irgendwelche Verpflichtungen und Ansprüche mit ihr die Abende zu verbringen.
Obwohl seine Potenzprobleme anhielten und er bereits einen Arzttermin vereinbart hatte. Er war Luisa dankbar für Ihre verständnisvolle Art und wollte ihr unbedingt eine Freude bereiten.
»Ich habe für dich eine hübsche 3-Zimmer-Wohnung im Westend gekauft«, überraschte er sie eines Tages. Luisa verschlug es die Sprache. Sie freute sich wie ein Kind. Trotzdem machte es sie sogleich traurig, denn damit war für sie klar, dass er in ihr immer nur die Geliebte sehen würde und mehr – vielleicht eine Scheidung – nicht in Betracht zog. Obwohl er, da war sie sich sicher, seine Frau nicht liebte. Er hatte ihr selbst einmal gesagt, dass er überhaupt nicht mehr wisse, warum er Silvia eigentlich geheiratet habe.
In dieser erst kurz währenden wunderbaren Zeit der Verliebtheit folgte dann plötzlich die Katastrophe, die er bis heute nicht verarbeitet hatte.

Der Fremde

Silvia schaute auf ihre kostbare Armbanduhr. Es war kurz nach Ladenschluss. Sie zahlte und wollte noch im Zeitschriftenladen, der meistens etwas länger auf hatte, ein paar Klatschmagazine einkaufen. Sie las die Storys in diesen Zeitschriften mit Vorliebe, zumal sie einige der sogenannten Promis persönlich kannte und so wenigstens aus der Ferne etwas am Schickimicki-Leben teilhaben konnte.
Sie rückte ihren Stuhl beiseite und stieß versehentlich mit der Lehne an den Rücken des Herrn vom Nachbartisch.
»O, entschuldigen Sie bitte«, sagte sie höflich und erschrak nicht wenig, als sich der sportlich gekleidete und gut aussehende Mann zu ihr umdrehte.
»Das macht doch gar nichts, gnädige Frau«, lächelte ihr Peter Struwe entgegen und man konnte ihm seine Bewunderung für ihre Erscheinung an den Augen ablesen.
Silvia stand für einige Sekunden völlig regungslos da und starrte ihn an.
»Äh, o, ich ...«, stotterte sie. »Entschuldigen Sie, aber mir hat es im Moment die Sprache verschlagen. Sie müssen nämlich wissen, dass sie meinem Mann zum Verwechseln ähnlich sehen. Nur ihre Haare sind wesentlich dunkler und länger und vielleicht ihre Nase, die dürfte etwas länger sein.«
»Dann sind Sie ja ganz besonders zu beglückwünschen, gnädige Frau – zu so einem attraktiven Mann«, ulkte Peter Struwe und lächelte sie verschmitzt an.
»Darf ich Sie vielleicht auf einen Drink einladen, damit wir feststellen können, ob ich auch noch anderweitig Ihrem Mann ähnlich bin?«
Silvia schaute etwas unschlüssig auf ihre mit Diamanten besetzte Uhr und nickte.

»Warum eigentlich nicht«, sagte sie und kam auf ihn zu. Sofort sprang er auf und hielt ihr einladend, ganz Gentleman, den nebenstehenden Stuhl hin.
Sie bestellte noch einmal ein Glas Champagner und prostete dem Unbekannten freundlich zu, nicht ohne ihn verstohlen genau zu mustern.
»Salute, vielen Dank für die Einladung. Darf ich fragen, was Sie hier in Ascona machen?«
Peter Struwe lächelte sie gewinnend an. Er war bestens für derlei Fragen gewappnet. Schließlich war er seit langer Zeit auf ähnliche Situationen vorbereitet und hatte deren Antworten aus erprobter Praxis umgehend parat.
Als arbeitsloser Schauspieler, mit nur wenig Aussicht auf ein Engagement, war er noch vor einigen Jahren fast permanent pleite gewesen. Unbeabsichtigt und völlig unvorbereitet geriet er jedoch in ein außergewöhnliches Fahrwasser, das ihm neue Geldquellen und ganz neue Perspektiven für die Zukunft erschloss.
Er besuchte damals die Vernissage eines Freundes, der Maler war und seine erste Ausstellung hatte. Dort lernte er Elisabeth, eine reiche, nicht gänzlich unattraktive achtundfünfzigjährige Witwe kennen. Ihre Blicke waren eindeutig. Er spürte sofort, dass sie sich sehr für ihn interessierte, nicht als Künstler, sondern als Mann, und er ließ sich schon sehr bald auf eine Liaison mit ihr ein. Nicht zuletzt deshalb, weil er damals ziemlich verzweifelt war und nicht wusste, wie er seine nächste Miete bezahlen sollte. So griff er nach jedem Strohhalm, der sich ihm bot, um seine brenzlige Situation zu entschärfen. Und Elisabeth stellte keine großen Ansprüche an ihn. Sie war froh und glücklich, dass Peter sich für sie interessierte und er etwas Abwechslung in ihre Einsamkeit brachte. Sie über-

schüttete ihn mit teuren Geschenken, denn endlich hatte sie wieder einen Mann an ihrer Seite, der nicht nur das Bett mit ihr teilte, sondern mit dem sie auch wieder am gesellschaftlichen Geschehen teilhaben konnte.
Es entwickelte sich schon bald eine vertraute und kameradschaftliche Beziehung zwischen ihnen, die ihm am Ende ein kleines Vermögen einbrachte. Nicht nur, dass er kostenlos in der gemeinsamen Zeit bei ihr wohnen konnte. Nein, er hatte es schließlich problemlos geschafft, dass sie ihm ein größeres Darlehen für eine angebliche Theaterproduktion vorstreckte. Die hatte er ihr in den schillernsten Farben anschaulich ausgemalt. Zum Glück alles ohne Vertrag, denn Elisabeth verunglückte in Norditalien auf tragische Weise tödlich, als sie mit einem voll besetzten Reisebus zu einer Studienreise nach Rom unterwegs war. Mit ihr starben zwanzig weitere Personen und viele Schwerverletzte wurden in die umliegenden Krankenhäuser eingeliefert.
Die Gazetten berichteten tagelang von diesem furchtbaren Ereignis. Da alles so plötzlich passierte, gab es niemanden in der weitläufigen Verwandtschaft, der von der geliehenen Summe etwas wusste, geschweige denn, sie von ihm zurückverlangte.
Dieses Aha-Erlebnis war für ihn der Beginn einer erfolgreichen und recht rentablen Gigolo-Karriere. Sie ermöglichte es ihm immerhin, heute hier in Ascona in der Herbstsonne zu sitzen und in einem der teuren Hotels an der Piazza zu wohnen. Seine letzte Affäre mit Eleonore Grütter allerdings verursachte ihm noch etwas Magenschmerzen, denn auch diese Geliebte hatte ihm ein angebliches Theaterprojekt finanziert. Eines Tages wollte sie doch tatsächlich Einblick in alle Unterlagen haben. Das

musste er natürlich verhindern. So sah er nur einen unvermeidbaren Ausweg aus dieser brenzligen Situation.
Er vereinbarte einen romantischen Abend mit Eleonore. Mit Kerzenschein und reichlich Alkohol, von dem sie meist schon morgens ihren üblichen Level intus hatte. Diese Tatsache nutze er schamlos aus und es war ein Leichtes für ihn, sie gezielt und relativ schnell völlig betrunken zu machen. Dieser Zustand führte dazu, dass sie, mit einem Tablett in der Hand, unglücklich stolperte und die steile Treppe hinunterstürzte und sich dabei das Genick brach. Welch ein Pech für die Dame, dachte er boshaft und entfernte sich schnellstens ungesehen vom Ort des Geschehens. Aber zuvor entfernte er noch jegliche Indizien seines Besuches und durchsuchte zur Sicherheit noch ihren Aktenschrank nach seinem Schuldschein, den er ihr vor Übergabe des Geldes unterschreiben musste. Damit war für ihn die Sache erledigt.
Aber so langsam wurde es wieder Zeit, dass er sich nach einer neuen Geldquelle umsah. Denn seine Spesen waren hoch und sein Kontostand war bedenklich geschrumpft.
Diese Dame, die ihm hier gegenüber saß, war nicht nur besonders attraktiv, sie sah außerdem auch nach sehr viel Geld aus und war einem kleinen Flirt offenbar nicht abgeneigt.
Er konnte förmlich ihr Geld riechen und das Jagdfieber, das ihn in letzter Zeit jedes Mal vor einem neuen Abenteuer erfasste, erregte ihn auf eine merkwürdige Art und Weise. Er verspürte ein Kribbeln bis in die Haarspitzen. Kein Drehbuch konnte in ihm eine solche Spannung hervorrufen und ein erfolgreich verlaufener Coup verschaffte ihm eine ganz ungewöhnliche Befriedigung; so ganz ohne Folgen für ihn.

So war er in diesem Moment Schauspieler und Regisseur zugleich und rezitierte überzeugend den Text seiner Rolle als Gigolo, die nun schon seit einigen Monaten auf seinem privaten Spielplan stand.
»Ich möchte mich einige Tage hier erholen, gnädige Frau. Sie müssen wissen, ich bin Schauspieler und hatte in letzter Zeit einfach zu viele Engagements«, log er. »Ich nehme mir eine kurze Auszeit von der Bühne. Da erschien mir Ascona, auch wegen des schönen Wetters und der schönen Umgebung, genau die richtige Wahl. Und wenn man dann noch so einer schönen Frau gegenüber sitzt, ist das bereits die reinste Erholung«, schmeichelte er.
»Schauspieler – das ist ja sehr interessant. Sind Sie am Theater oder bei Film und Fernsehen?«
»Mal hier mal da. Zuletzt habe ich unter Claus Peymann in Berlin gespielt«, log er erneut und betonte dies mit einem gewissen Stolz in der Stimme, die auch Unwissenden klar machte, dass es sich hier um ganz große Kunst handelte.
Silvia nickte begeistert, obwohl sie sich in Theaterfragen nicht besonders gut auskannte. Einen Schauspieler hatte sie bisher noch nicht persönlich kennengelernt. Aber irgendwie fand sie das äußerst interessant und es schmeichelte ihr, mit einem Künstler an einem Tisch zu sitzen. Und wie charmant er war. Kein Vergleich zu Philipp, wenn auch die Ähnlichkeit frappierend war.
»Darf ich fragen, was Sie nach Ascona verschlagen hat? Sie sind doch offensichtlich auch Deutsche. Ich vermute aus dem Hessischen?«
»O, mein Gott! Hört man das leider immer noch«, lachte Silvia. »Natürlich, Sie als Schauspieler haben da bestimmt ganz feine Ohren. Richtig. Ich komme aus Frankfurt und

bin vor einem Jahr mit meinem Mann fest hier nach Ascona gezogen. Dort oben auf dem Hang haben wir unser Haus.« Dabei deutete sie auf die exklusiv bebaute Hanglage ganz oben am Berg.
»Dort oben, rechts am Steilhang, ziemlich weit oben am ›Monte Verità‹.«
»Da haben Sie sicher einen wunderschönen Blick. Ich bin erst gestern hier angekommen und kenne die Gegend noch nicht. Aber, was ich bis jetzt gesehen habe, begeistert mich sehr.«
»Ja es ist wunderschön hier. Und meistens schönes Wetter. Aber ich vermisse Frankfurt trotzdem arg. Einfach wegen der alten Freunde, wissen Sie. Wir leben hier leider sehr zurückgezogen. Mein Mann möchte das so«, sagte sie achselzuckend mit einem bedauernden Lächeln.
»Wie machen Sie das denn mit Ihren Kindern, mit Schule und so weiter?«
»Wir haben keine Kinder, es sollte wohl nicht sein.«
»Ach so. Und ihr Mann, der wird doch sicher noch berufstätig sein. Darf ich fragen, welchen Beruf er hat?«
»Mein Mann ist Anlageberater. Er hat sein Büro in Frankfurt aber fast ganz aufgegeben und arbeitet jetzt nur noch von hier aus. Alles per Computer, verstehen Sie. Er ist online mit allen wichtigen Partnern verbunden und arbeitet nur noch für ganz wenige Klienten. Sie müssen wissen, er ist schon vierundsechzig Jahre alt und will so allmählich aufhören und nur noch privat etwas spekulieren.«
»O, da haben Sie ja einen wesentlich älteren Mann. Das dürfte für Sie als junge Frau vielleicht etwas langweilig sein, ohne Freunde und Ablenkungen der Großstadt?«
»Du meine Güte, sieht man mir die Langeweile schon an!«, lachte Silvia.

»Wenn Sie erlauben, stehe ich Ihnen jederzeit gern für Unternehmungen zur Verfügung.«
Peter lächelte sie vielversprechend an und schaute ihr dabei tief in die Augen. Silvia, die seinen Blick, ohne verlegen wegzuschauen, erwiderte, verspürte endlich wieder dieses prickelnde Gefühl, das sie schon so lange Zeit vermisst hatte. Warum denn nicht, dachte sie erregt. Endlich wieder eine Gelegenheit, der Tristesse des Alltags zu entfliehen und ihre langsam verkümmernde Liebeslust neu zu beleben. Und eine Affäre mit einem Schauspieler, die hatte für sie etwas Verruchtes, ja Unkonventionelles. Philipp würde bestimmt nichts merken. Sollte er doch hinter seinen blöden Börsenkursen und Büchern verschimmeln!
»Wirklich«, antwortete sie deshalb, »das wäre natürlich ein verlockendes Angebot. Es gibt viele Dinge, die ich bisher noch nicht unternommen habe und für die mein Mann keinerlei Interesse zeigt. So würde ich gern einmal ins ›Teatro del gatto‹ gehen - in eine deutsche Vorstellung. Allein macht das aber keinen Spaß! Und die Musikwoche in Ascona mit dem Radio-Sinfonieorchester Berlin würde mich auch interessieren.«
Sie hatte extra anspruchsvollere Veranstaltungen angesprochen, um ihrem Gegenüber zu signalisieren, dass er es durchaus mit einer kulturell interessierten Person zu tun hatte. Obwohl sie derlei Dinge eigentlich nicht besonders interessierten.
Zum Glück hatte sie erst vor einigen Tagen diese Programmpunkte in dem aktuellen Prospekt des Touristenbüros gesehen.
»Sehr gern. Wenn Sie mir sagen, wo ich Karten besorgen kann, werde ich mich umgehend darum kümmern«, meinte Peter begeistert.

Silvia dachte kurz darüber nach, ob es vielleicht verfänglich wäre, wenn sie ihm ihre Adresse mitteilte und gab ihm nach einigem Zögern jedoch kurz entschlossen ihre Visitenkarte mit Handynummer.
»Auf dieser Nummer können Sie mich immer erreichen. Ich muss zu Hause erst einmal nachsehen, wann und wo etwas stattfindet. Vielleicht kommen Sie auf ein Glas Wein bei mir vorbei, dann können wir alles Weitere besprechen. Mein Mann verreist übrigens Mitte dieser Woche für zehn Tage nach Frankfurt«, fügte sie mit einem vieldeutigen Lächeln hinzu.
»Wunderbar! Ich werde Sie sehr gern einmal besuchen und mir Ihr sicherlich wunderschönes Haus ansehen – wenn ich Rückschlüsse vom Ihrem geschmackvollen Stil auf das Ambiente Ihres Haus ziehen darf.«
Peter machte dabei eine weitschweifende Handbewegung, die Silvias Erscheinung komplett mit einschloss und registrierte zufrieden, dass sie sich äußerst geschmeichelt fühlte.
Wie einfach es doch ist, mit wenigen Worten und Gesten eine Frau für sich zu gewinnen, dachte er. Und wie so oft in solchen Situationen, fiel ihm wieder seine Mutter ein. Sie hatte als junge Kriegerwitwe viele Männer im Schlepptau mit nach Hause gebracht, immer in der Hoffnung, wieder einen Mann an sich binden zu können. Auch sie hatte die Worte ihrer Verehrer in sich aufgesogen und für bare Münze genommen. Der jeweilige Onkel wurde ihm von der Mutter immer in den höchsten Tönen beschrieben. Doch meistens stellte er sich als Blödmann heraus, der ihre Mutter nur ausgenutzt und ihn nur möglichst schnell aus dem Wege haben wollte. Er musste an solchen Abenden immer sein Zimmer aufsuchen und durfte es bis

zum nächsten Morgen nicht mehr verlassen. Wie sehr hatte er seine Mutter für alle die vielen Männer gehasst. Er fühlte sich dann immer von ihr verraten und verkauft, da sie meist Partei für ihren jeweiligen Liebhaber ergriff und er zurückstecken musste. Das konnte er ihr bis heute nicht verzeihen. Sie war nun eine alte, verbitterte Frau, mit der ihn nur noch wenig verband und die er schon seit Langem nicht mehr besucht hatte. Aus Kostengründen lebte sie seit Jahren mit ihrer Schwester in einer Wohngemeinschaft, die ebenfalls Witwe war. Sie teilten sich die Haushaltskosten und kamen so mit ihren bescheidenen Renten einigermaßen über die Runden.
Er taxierte sein Gegenüber mit kompetentem Blick und hatte das unbestimmte Gefühl, dass ihm hier ein wertvoller Fisch an die Angel geraten war, der sich offensichtlich mit einem viel zu alten Ehemann langweilte. Der Dame kann geholfen werden!, dachte er zufrieden und versprach, sich schon morgen bei ihr zu melden. Zuvor wollte er aber nachsehen, wo Silvia wohnte, um zu wissen, was ihn erwartete. Vielleicht konnte er das Haus von außen inspizieren und sich so ein besseres Bild machen. Schließlich wollte er keine Katze im Sack kaufen.
Silvia verabschiedete sich aufgekratzt und voller Vorfreude auf das nächste Treffen. Peter schaute ihr lange hinterher, nicht ohne ihre Formen ausgiebig mit den Augen abzutasten. Nicht schlecht Herr Specht, die Dame macht mir Appetit, dachte er. Ihre schönen langen Beine in den hohen, teuren High Heels, schritten zielstrebig dem großen Parkplatz am Ende der Piazza entgegen. Sie spürte, dass sein Blick ihr folgte. Deshalb war sie bemüht, sich besonders elegant und sexy zu bewegen. Verstohlen schaute sie kurz zurück und sah, dass er ihr doch tatsäch-

lich freundlich nachwinkte. Eins zu Null für mich!, dachte sie und lächelte zufrieden vor sich hin.

Evas Anruf

Eva rief Philipp an und bestand auf einem schnellen Treffen in Hamburg. Sie müsse ihm unbedingt persönlich einige sehr wichtige Dinge mitteilen, die keinen Tag länger aufgeschoben werden könnten. Ihre Stimmung war so bedrückt und trotzdem fordernd, dass er bereits am nächsten Tag das Flugzeug nach Hamburg nahm.

Als er Eva in Hamburg in ihrer Penthousewohnung aufsuchte, erschrak er heftig über ihr Aussehen. Sie war sehr dünn geworden und hatte eine durchsichtig schimmernde Haut. Ihr Haar wurde von einem Turban verdeckt und sie sah sehr krank aus.

Von der strahlend schönen Frau, die er im Gedächtnis hatte, war nur noch ein Schatten übrig geblieben.

Eva saß auf ihrem Sofa im Wohnzimmer in Decken gehüllt und schaute ihn traurig aus großen, tief liegenden Augen an.

Ihre Haushälterin stellte Kaffee und Gebäck auf den Tisch und entfernte sich geräuschlos und diskret.

Anfangs sprachen sie über einige belanglosen Dinge, bis Eva plötzlich auf den Kern ihres Anliegens kam.

Sie erzählte ihm ohne Sentimentalitäten, dass sie erst seit Kurzem wisse, dass sie Lungenkrebs im Endstadium habe. Dass auch keinerlei Heilungschancen mehr bestehen würden und eine Operation nicht mehr infrage käme. Es hatten sich bereits vor der Diagnose weitere Karzinome auf mehrere Körperteile ausgebreitet. Sie habe zwar bereits einige Chemotherapien erhalten, aber es sei aussichtslos und mittlerweile lebe sie nur noch von Morphium. Eva hustete fürchterlich und sah ihn mit trüben Augen an.

Dann sagte sie ihm, dass sie es Luisa aber noch nicht mitgeteilt habe und jetzt nur noch wenig Zeit bliebe, ihm über wichtige Dinge die Wahrheit zu sagen.

»Ich habe aus vielen Gesprächen, die ich in letzter Zeit mit Luisa geführt habe, herausgehört, dass sie dir sehr zugeneigt ist und dich sehr verehrt. Ich glaube, dass sie fast ein wenig in dich verliebt ist. Damit auf keinen Fall aus eurer Beziehung mehr wird, muss ich dir unbedingt die Wahrheit sagen, solange ich noch dazu Zeit habe.«

Eva hustete erneut und man sah ihr an, wie sehr sie alles anstrengte.

Philipp schaute Eva verständnislos an.

»Wie meinst du das denn?«, fragte er angespannt. Ihre erste Mitteilung über ihren Krebs hatte ihn schon genug beunruhigt.

Eva atmete tief ein und Philipp hatte den Eindruck, dass sie all ihre Kraft zusammen nahm.

»Es mag dich jetzt vielleicht wie ein Schlag treffen, aber es muss gesagt werden. Du bist Luisas Vater!«

Philipp erstarrte. Ihre Worte trafen ihn wie ein Blitzschlag mitten ins Herz. Er war unfähig etwas zu sagen.

»Tut mir Leid Philipp, dass ich dich so unvorbereitet mit dieser Tatsache konfrontieren muss. Aber anders hätte ich es dir nicht sagen können. Es war ein Fehler, dass ich Luisa zu dir geschickt habe. Es war unüberlegt und dumm von mir. Aber es ist geschehen und nicht mehr rückgängig zu machen. Und jetzt, wo ihr euch kennengelernt habt und Luisa so von dir schwärmt, musste ich es dir sagen, das verstehst du doch?«

»Aber warum hast du mir das damals nicht gesagt? Ich verstehe das nicht.«
Philipps Kehle war wie zugeschnürt. Seine Stimme war rau und er musste sich mehrfach räuspern.
»Jetzt brauche ich aber einen doppelten Whisky«, sagte er leise und nahm sich aus der bereitstehenden Flasche ein ordentliches Glas. »Entschuldige, willst du auch einen?«, fragte er Eva beiläufig.
»Nein, danke. Ich darf nicht, wegen der Medikamente, obwohl ich einen nötig hätte.«
Eva lächelte ihn erschöpft und unsicher an.
Philipp schwirrten tausend Dinge durch den Kopf. Er nahm sich vor, auf keinen Fall Eva von seiner Affäre mit Luisa zu erzählen, mit der es Gott sei Dank nicht zum Äußersten gekommen war. Er wollte sie nicht noch mehr belasten. Ihre Krankheit war tragisch genug für sie und er bewunderte ihre tapfere Haltung. Eva war eine sehr stolze Frau und es fiel ihr bestimmt sehr schwer, ihm dieses Geständnis mitzuteilen.
»Du hast nie nach dem Vater meiner Tochter gefragt«, sagte sie nun müde lächelnd, »und ich wollte es dir eigentlich auch nie sagen. Meine Unabhängigkeit ging und geht mir über alles. Als ich wusste, dass ich schwanger bin, wollte ich das Kind unbedingt haben – aber allein. Ich bin für eine Ehe oder so etwas nicht geeignet. Luisa habe ich gesagt, dass ihr Vater gestorben ist. Ein todkranker, inzwischen längst verstorbener Kollege, dem ich einmal alles erzählt habe, hat mir diesen Rat erteilt und seinen Namen dafür zur Verfügung gestellt. Aber so wie die Dinge nun liegen und da mir nur noch wenig Zeit bleibt, wäre es unverantwortlich von mir, dir die Wahrheit zu verschweigen.«

Dieses erschütternde Gespräch mit Eva war nun schon über ein Jahr her und Eva war inzwischen bereits verstorben. Für Luisa kam dann eine schwere Zeit der Trauer, denn sie hatte ihre Mutter sehr geliebt und sie hatten ein sehr gutes und freundschaftliches Verhältnis zueinander. Luisa war nach der Beerdigung für fast zwei Monate in Hamburg geblieben, um die Wohnung zu verkaufen, den Haushalt aufzulösen und alle behördlichen Dinge zu regeln.

Philipp schwor sich zu diesem Zeitpunkt, Luisa auf keinen Fall die Wahrheit zu sagen. Er war nur auf der Beerdigung dabei und fuhr sofort wieder nach Frankfurt zurück, da ihn hier wichtige Termine erwarteten. Außerdem hatte er auch einen unaufschiebbaren Termin bei seinem Urologen, der ihm eine schlechte Diagnose mitteilen musste.

»Sie müssen unbedingt in eine Spezialklinik, sie haben ein Prostatakarzinom! Aber keine Sorge, ich denke, ihre Chancen sind gut und ich bin sicher, dass mit einer Operation alles wieder in Ordnung kommt. Ihre kleine sexuelle Schwäche lässt sich damit auch erklären.«

Zum Glück konnte der Krebs bei einer digitalen rektalen Untersuchung ertastet werden. Er begrenzte sich auf die Prostatadrüse, sodass die anschließende Operation erfolgreich verlief und er nach weiteren Behandlungen als geheilt entlassen werden konnte.

Luisas Zeit der Trauer um Eva und seine Erkrankung nutzte Philipp, sie auf mehr Abstand zu halten, was sie natürlich sofort bemerkte. Ihre tiefe Traurigkeit, die er fast körperlich spürte, machte ihn sehr hilflos. Wie sollte er denn mit der heiklen Situation umgehen? Er wusste darauf keine Antwort und war oft deprimiert und völlig unsicher.

Menschenskind, ich bin ihr Vater!, klang es bestürzt und vorwurfsvoll in seinem Inneren.
Der Umzug ins Tessin schien ihm ein wichtiger erster Schritt zu sein, um sich Luisas Nähe mehr zu entziehen. Es war wie eine Flucht vor der Wahrheit. Alles Weitere wird sich schon finden, dachte er.

Monte Verità
Peter Struwe saß elegant gekleidet am Fenster im Speisesaal seines Hotels und genoss nach einem delikaten Abendessen sein zweites Glas Rotwein. Er blickte entspannt auf das Lichtermeer der rund um den See liegenden Ortschaften und freute sich auf die nächsten Tage. Es gefiel ihm außerordentlich gut hier und es war genau das geeignete Umfeld für seine Vorhaben. Hier war das große Geld zu Hause, das sah und spürte man deutlich. Man musste nur die Augen offen halten und die passende Gelegenheit am Schopf packen. Er dachte an seine neue Bekanntschaft und lächelte. Wie schnell hatte er es doch wieder einmal geschafft, erste Kontakte zu knüpfen und seine Angel auszuwerfen. Mal sehen, ob der hübsche Fisch auch anbeißt, dachte er zufrieden und bestellte zum Abschluss beim Hotelier, der gerade von Tisch zu Tisch ging und nachfragte, ob es geschmeckt hat, noch einen Espresso.
»Eine Frage noch bitte«, lächelte er den freundlichen Tessiner an, als er den bestellten Espresso servierte. »Wie kommt man denn am besten zum ›Monte Verità‹?«
»Mit dem Auto oder zu Fuß?«, wollte der Hotelier wissen.
»Mit dem Auto. Das steht im Parkhaus.«

Der Tessiner Hotelier, der ihn bereits kurz nach seiner Ankunft mit einem Glas Prosecco auf Kosten des Hauses in seinem Hotel willkommen geheißen hatte, und der ein lustig klingendes Schwyzerdütsch mit italienischem Akzent sprach, erklärte ihm mit vielen Gesten, wie er am besten zu fahren hatte. Außerdem gab er mitteilsam noch ein paar geschichtliche Hintergründe vom ›Monte Vertià‹ zum Besten.

»Sie müssen wissen, dass der ›Monte Verità‹, der auf Deutsch Berg der Wahrheit heißt, einen ganz speziellen geologischen Magnetismus aufweist. Vor zirka 100 Jahren haben sich Freidenker, Vegetarier und Nudisten auf dem Hügel niedergelassen und dort ihre vegetarische Kooperative gegründet. Dort versuchten die Vertreter dieser Reformbewegung, die die Rückkehr zur Natur propagierten, ihre Utopien frei auszuleben. Deshalb liefen sie auch schon mal nackt auf ihrem Berg herum und verliehen dadurch Ascona einen Hauch von Exotik und Extravaganz. Das hat bald darauf auch viele Philosophen, Schriftsteller und Künstler aus ganz Europa angezogen. Das dort entstandene Kongress-Zentrum ist eines der ersten Beispiele der Bauhaus-Architektur in der Schweiz. Ich empfehle Ihnen einen Besuch im Museum Casa Anatta. Dort können Sie mehr über die Geschichte des ›Monte Verità‹ erfahren. Es ist sehr empfehlenswert.«

Peter, der interessiert zugehört hatte, bedankte sich für die Erläuterungen und verabschiedete sich.

Er wollte noch einen kleinen Bummel durch die engen Gässchen der Altstadt machen. Er beabsichtigte, nicht zu spät ins Bett zu gehen, da er sich gleich nach dem Frühstück zur Inspektion der Villa Sandter aufmachen wollte. Leider endete der Abend für ihn, wie fast immer, doch

ziemlich spät. Die vielen gemütlichen Bars, die er nach und nach durchstreifte, der gute Merlot, der ihm zu schwindelig hohen Preisen serviert wurde, versetzten ihn in eine beschwingte Stimmung, die keinerlei Müdigkeit bei ihm aufkommen ließ.
Er nahm seinen letzten Absacker im Freien auf der ›Piazza Motta‹. Hier saßen selbst zu dieser späten Stunde noch viele Menschen beisammen und genossen die milde Herbstsonne. Bald schon ging er in sein Hotelzimmer zurück, um seine zweite Nacht im mondänen Ascona zu verbringen.
Mit einem wohligen Gefühl streckte er sich in seinem Bett aus. Seine letzten Gedanken kreisten darum, wie schön es doch wäre, in diesem exklusiven Ort leben zu können und ein reiches und angesehenes Mitglied der guten Gesellschaft zu sein, bevor ihn der Schlaf übermannte.

Philipp ruft Luisa an

Philipp versuchte nach einer halben Stunde erneut, Luisa telefonisch zu erreichen, und tatsächlich meldete sie sich außer Atem.
»Hallo Philipp, ich komme gerade die Tür rein. Ich war beim Friseur.«
»Ach so. Ich wollte dir nur sagen, dass ich am Mittwochabend wieder da bin. Komm am besten gleich nachmittags zu mir und kauf was Leckeres zum Essen ein. Ich freue mich schon auf dich.«
Er konnte sich gut vorstellen, wie sie zum Telefon geeilt war und sah sie mit leicht geröteten Wangen, ihrem blonden Lockenkopf und ihren schönen blauen Augen vor sich.

Luisa war hoch erfreut über sein baldiges Kommen und berichtet ihm noch alle Neuigkeiten aus ihrem kleinen Büro, das sie nach Philipps Ortswechsel nun allein für ihn betreute. Sie klang etwas besorgt und erzählte ihm, dass ein neugieriger und aufdringlicher Journalist von einem bekannten Wirtschaftsmagazin, indiskrete Fragen in Sachen Börsengang Selkmann AG gestellt hatte. Philipp war für diese AG als Vermittler tätig und hatte für die Privatbank Beyerlein die Aktien-Emissionen übernommen. Dabei hatte er mehrere Millionen Euro verdient. Die Selkmann AG hatte gestern Konkurs angemeldet und der Kurs der Aktie vollführte einen Sturzflug von ehemals über achtzig Euro auf jetzt zehn Cent. Damit wurden abertausende Aktiensparer um ihr Geld gebracht.
Aus Andeutungen des Journalisten konnte sie entnehmen, dass er einen groß angelegten Betrugsfall witterte und weiter recherchieren wollte. Er ließ unmissverständlich durchblicken, dass er Philipp und der emissionsbegleitenden Privatbank Beyerlein einen Großteil der Schuld zuwies und dass die Bafin als Prüfinstitut bereits Recherchen aufgenommen habe. »Das kann für uns alles ziemlich unangenehm werden. Es ist gut, dass du nach Frankfurt kommst. Allein fühle ich mich da ziemlich hilflos und ich will keinen Fehler machen.«
Besorgt legte Philipp den Hörer auf. Das hatte ihm gerade noch gefehlt! Ihm war von Anfang an klar, dass bei diesem Börsengang nicht alles so rosig aussah, wie er den Aktienkäufern vorgegaukelt hatte. Aber für ein paar Millionen drückte er schon gern mal ein Auge zu und sein Lieblingsspruch ›Geld stinkt nicht‹, hatte ihn auch diesmal verleitet. Luisa klang ziemlich nervös und er musste unbedingt schnellstens nach Frankfurt, um sie vor even-

tuell weiteren Fragen der Presse zu schützen. Wie gut tat es doch, wieder ihre Stimme zu hören und in Gedanken nahm er sie liebevoll in den Arm. Aber nun nicht als Liebhaber, sondern als väterlicher Freund. Er wagte es aber nicht, ihr die Wahrheit zu sagen, dafür war er einfach zu feige und fürchtete, Luisa in große Konflikte zu stürzen. Er hatte seine Krankheit und seinen Wegzug genutzt, um sie mehr auf Distanz zu halten, denn ihre traurigen und fragenden Blicke konnte er fast nicht mehr ertragen. Luisa deutete seine Zurückhaltung so, dass er seine Frau wohl doch noch mehr liebte, als er zugeben wollte und er ließ sie in diesem Glauben. Er wollte unbedingt, dass sie sich von ihren Gefühlen für ihn befreite und frei für eine neue Liebe war.

Seit er sich immer mehr mit der Sinnfrage des Lebens beschäftigte, fühlte er, dass er einen entscheidenden Fehler gemacht hatte. Er hätte sich von Silvia schon vor seinem Umzug nach Ascona trennen sollen. Aber sein angeborener Widerstand gegen jegliche Unannehmlichkeit in seinem Leben hatte ihn davon abgehalten. Im Gegensatz zum täglichen beruflichen Kampf bevorzugte er in privaten Dingen die Gleichmäßigkeit und Ruhe und scheute den Kleinkrieg, ganz besonders mit der Ehefrau. So überließ er von Anfang an Silvia das Privatleben und sie hielt sich dafür gänzlich aus seinen beruflichen Dingen heraus. Zumal sie davon sowieso keine Ahnung hatte. Alles, was sie gut beherrschte, war das Geldausgeben. Darin war sie eine Meisterin.

Doch mittlerweile konnte er Silvias vorwurfsvolles Gesicht und ihre Oberflächlichkeiten nicht mehr ertragen. Seit sie hier in Ascona gezwungenermaßen tagtäglich zusammen waren, zeigte sie ihm ständig ihren Unmut und

nörgelte an allem und jedem herum, sodass er nun ernsthaft darüber nachdachte, sich von ihr zu trennen.
Zum Glück hatte er sich vor der Heirat mit einem Ehevertrag abgesichert. Mit einer schönen Eigentumswohnung und einer monatlich moderaten Apanage müsste sich Silvia dann wohl zufriedengeben. Ihr bisheriges luxuriöses Leben wäre damit natürlich vorbei und ihr Gezeter konnte er sich heute schon gut vorstellen. Ein spöttisches Lächeln durchzog sein Gesicht.
Gut, dass er ihr nichts von seiner Krankheit erzählt hatte und eine längere Geschäftsreise vorgab. Er war sicher, dass er ihr mit seinem diagnostizierten Prostata-Karzinom nur eine Freude bereitet und sie sich schon im Geist als lustige Witwe gesehen hätte. Mit einem beachtlichen Vermögen, versteht sich.
So hatte er es vorgezogen, sich ohne ihr Wissen, in einer Heidelberger Privatklinik seinen Krebs mit der neuesten Lasertechnik aus den USA behandeln zu lassen. Und das mit sehr gutem Erfolg. Er musste nur noch ab und zu zur notwendigen Kontrolluntersuchung erscheinen.
Durch die schonende, neuartige Behandlung fühlte er sich schon wieder sehr wohl. Noch heute konnte er den Schock verspüren, als er die Diagnose von seinem Arzt erfuhr. Es traf ihn wie ein Schlag. Krebs! Allein dieses Wort genügte, ihn in Angst und Schrecken zu versetzen. Ja, er hatte sogar zum ersten Mal so etwas wie Todesangst. Unbemerkt hatte sich der Krebs in ihm ausgebreitet, aber Gott sei Dank, ohne weitere Organe zu befallen.
Diese plötzliche Erfahrung, dass auch sein Leben nicht unendlich ist, hatte ihn in eine tiefe Krise gestürzt. Sein ständiger Drang und seine Sucht nach noch mehr Erfolg und Umsatz hatten ihn ganz vergessen lassen, dass es auch

noch ein Leben neben dem Beruf gab. Er, der knallharte Geschäftsmann, der, wenn es sein musste, auch schon mal über Leichen ging und auch einige nicht ganz astreine Geschäfte in der Vergangenheit abgewickelt hatte, machte sich plötzlich tatsächlich Gedanken über den Sinn des Lebens und vertiefte sich immer mehr in philosophische Lektüre.

Allmählich erschien ihm sein bisheriges Leben immer fragwürdiger und ihm wurde tagtäglich mehr bewusst, wie wenig man im Leben brauchte, um glücklich und zufrieden zu sein. All sein Eifer, große Geschäfte an Land zu ziehen, immer mehr zu arbeiten und Geld zu scheffeln, verloren nach und nach für ihn an Bedeutung. Er kam sehr ins Grübeln über sein bisheriges Leben und sah die Welt plötzlich mit anderen Augen. Wenn er nun durch die Straßen lief, schaute er den Menschen tatsächlich ins Gesicht, sah in ihnen Freude, Trauer und Hoffnungslosigkeit, etwas das er bisher überhaupt nicht wahrgenommen hatte. Sein vorheriges Leben erschien ihm nun getrieben vom Auf und Ab der Börse, von den möglichen Gewinnen für seine Klienten und vom Studieren der Wirtschaftsnachrichten. Er hatte sich tagtäglich an Zahlen und Fakten berauscht und völlig vergessen, dass es auch noch ein reales und sinnvolles Leben gab. Das wurde ihm nun allzu deutlich bewusst und er war entschlossen, seinem Leben einen neuen Sinn zu geben. Einen Spaziergang im nahen Stadtwald genoss er in vollen Zügen und er betrachtete die Natur staunend wie ein Kind.

Natürlich wollte er auch in Zukunft nicht auf seinen gewohnten Luxus verzichten. Ein schönes Haus und das nötige Kleingeld für ein sorgenfreies Leben benötigte er schon. Und darauf brauchte er ja auch nicht zu verzichten.

Hatte er in all den Jahren doch genug an Vermögen angehäuft. Aber all der Glamour der vergangenen Jahre mit den vielen gesellschaftlichen Verpflichtungen und sein Streben nach Publicity, schienen ihm mittlerweile recht zweifelhaft. So reifte in ihm schon bald der Entschluss, sein Leben völlig umzukrempeln und fernab von seinem bisherigen Umfeld ein neues, geruhsameres Leben zu beginnen. Er wollte jeden Tag genießen und seine Arbeit von nun an Schritt für Schritt einschränken, begonnene Geschäfte abwickeln und sein Büro baldmöglichst ganz aufgeben. Da er schon seit Jahren regelmäßig ins Tessin fuhr, um seine Schweizer Bankkonten aufzufüllen, kannte er die Gegend um den Lago Maggiore schon recht gut und der südliche Zipfel der Schweiz hatte es ihm besonders angetan. Das milde, ja fast mediterrane Klima und die unvergleichlich schöne und vielfältige Gegend hatten ihn von Anfang an begeistert. Auch das südländische Lebensgefühl, das einen sofort erfasste, wenn man die Sonne mit einem Glas Wein in einem der vielen Straßencafés genoss, gefiel ihm. Nirgendwo sonst konnte er so herrlich relaxen und nirgendwo sonst waren sein Büro und seine Geschäfte so weit weg.

Als er eines Tages allein durch die Gassen von Ascona schlenderte, fiel ihm zufällig ein Maklerbüro auf, das ein großes Fotoangebot an exklusiven Villen im Schaufenster ausgestellt hatte. Eine Villa in exorbitanter Lage gefiel ihm besonders gut. Aus einer Laune heraus ging er spontan hinein und ließ sich die Einzelheiten zu diesem Angebot offerieren. Eine Besichtigung war sofort möglich, da die Villa leer stand. Der amerikanische Vorbesitzer war verstorben und seine Witwe war zurück in ihre Heimat zu ihren Kindern gezogen.

Das Anwesen gefiel ihm auf Anhieb, ja es begeisterte ihn geradezu und er überlegte nicht lange und handelte den zuerst sehr hohen Preis noch um einiges herunter. Er opferte dafür fast die Hälfte seines Schweizer Vermögens und kaufte die Villa, ohne Silvia vorher überhaupt zu informieren. Er sah diesen plötzlichen Entschluss als schicksalhafte Fügung an. Sofort spürte er die Ruhe und Freude, die ihn durchzog. Ja, so sollte sein neues Leben aussehen. Hoch über Ascona, in einer tollen Villa mit einem traumhaften Garten und einem atemberaubenden Blick über den See.
Der Vorbesitzer war ein amerikanischer Biologe im Ruhestand. Er hatte den Garten in ein wahres Paradies verwandelt. Es gab unendlich viele verschiedene Pflanzen mit berauschenden Düften in allen Farben und Formen, die der amerikanische Hobbygärtner sogar teilweise im eigenen Gewächshaus, das am Ende des Gartens versteckt hinter blühenden Sträuchern stand, selbst aus Samen herangezogen hatte. Sein Buch mit den Aufzeichnungen seines Hobbys befand sich noch in einer Schublade im Glashaus und Philipp studierte die Eintragungen mit großem Interesse. Er hatte sich so nach und nach ein recht großes Pflanzenwissen angeeignet. Es machte ihm tatsächlich Freude, Pflanzen zu erkennen und sich auf deren Bedürfnisse einzustellen. Das Glashaus war auch sehr gut dafür geeignet, die vielen exotischen Kübelpflanzen, die alle bereits eine stattliche Größe aufwiesen, im Winter zu beherbergen. Die nötigen Utensilien für die Pflanzenzucht, wie Erde, Töpfe, Dünger und Gifte waren noch alle gut beschriftet vorhanden, sodass er sogar selbst testweise ein Samentütchen mit vorhandenen Eukalyptussamen in Töpfe aussäte und tatsächlich bald schon kleine Pflänz-

chen vorweisen konnte. Das macht ihn geradezu glücklich. Ein Gefühl, das er bisher noch nicht erlebt hatte. Er schmunzelte selbst über seinen Gärtner-Eifer und versorgte sich immer mehr mit Literatur über die Haltung und Pflege mediterraner Pflanzen.
Und Silvia? Er bot ihr vor dem Umzug zwei Möglichkeiten an: Entweder du kommst mit, oder du bleibst in Frankfurt! Die Entscheidung lag ganz bei ihr, wobei es ihm fast am liebsten gewesen wäre, sie hätte sich gegen die Schweiz entschieden. Dann wären die Fronten zwischen ihnen klar gewesen. Aber Silvia folgte natürlich den Spuren des Geldes, so wie er es eigentlich auch erwartet hatte. Diese Chance der Trennung hatte er leider aus Bequemlichkeit verpasst.
Er hatte nur Luisa die Wahrheit über seine Krankheit erzählt und Philipp konnte mit ihrer vollen Unterstützung rechnen. Sie waren nach all den Jahren ein so gut eingespieltes Team, dass Luisa in der Firma auch ohne ihn gut zurechtkam. Sie war natürlich traurig über seine Entscheidung, da sie ihn nun wohl nur noch wenig sehen würde. Aber sie zeigte wie immer großes Verständnis für seine Beweggründe und war ihm eine große Hilfe. Insgeheim hatte sie die Hoffnung auf eine gemeinsame Zukunft wohl noch nicht ganz aufgegeben, weil Philipp vage Andeutungen machte, sich von Silvia zu trennen. Aber sie drängte ihn nicht, denn sie genoss genauso ihre Freiheit und Eigenständigkeit und hatte trotzdem das Talent, die gemeinsamen Stunden mit Philipp zu genießen. Sie gab die Hoffnung nicht auf, dass er sich eines Tages für sie entscheiden würde. Wenn er sich auch von ihr zurückzog und nur noch warmherzige Umarmungen für sie übrig hatte, was sie natürlich genau spürte. Aber sie brauchte auch die

Zeit, in der sie allein und in aller Stille Yogaübungen machen konnte, ein gutes Buch lesen, ohne auf einen anderen Menschen Rücksicht zu nehmen. Das gab ihr die Ruhe und Ausgeglichenheit, die Philipp so an ihr mochte. Sie liebte Philipp und wollte ihm zeigen, dass sie immer für ihn da sei. Philipp schaute in Gedanken versunken auf das Telefon und atmete tief durch.
Kommt Zeit, kommt Rat, dachte er bei sich und ging nach oben in sein Büro, um schon die wichtigsten Dinge zu sortieren, die er mit nach Frankfurt nehmen wollte.

Philipp fährt Richtung Frankfurt

Mit Freude entnahm Silvia aus den Gesprächsfetzen zwischen Philipp und ihrem Hausmädchen Cora, dass Philipp schon am nächsten Tag nach Frankfurt fahren wollte. Das passte ihr sehr gut in ihre Pläne, denn das zufällige Zusammentreffen mit Peter Struwe ging ihr nicht mehr aus dem Kopf.
Diese Ähnlichkeit ist wirklich frappierend, dachte sie und ihr kamen erneut die wildesten Gedankenspiele der vergangenen Nacht wieder in den Sinn. Kein Auge hatte sie zugemacht. Immer wieder verfing sie sich in den irrwitzigsten Ideen und so erschien sie deshalb völlig gerädert und übermüdet zum Frühstück.
Wie gewöhnlich saß Philipp schon am Frühstückstisch im Garten und rang sich mühsam ein missmutiges »Guten Morgen« ab. Silvia murmelte ebenfalls nur eine undeutliche Begrüßung und gab noch im Stehen Cora zu verstehen, dass sie ihr den Tee servieren solle.
»Sehr wohl, gnädige Frau. Möchten Sie auch ein Frühstücksei?«, fragte Cora und lächelte Silvia an.

»Nein, danke. Nur etwas Tee. Ich habe überhaupt keinen Hunger.«
Philipp sah mit einem spöttischen Gesichtsausdruck aus seiner Zeitung auf.
»Wohl schlecht geschlafen, was? Du siehst ziemlich verknittert aus!«
»Ja, fast überhaupt nicht. Ich habe die ganze Nacht nur Probleme gewälzt.«
»Probleme? Du und Probleme?«
Philipp sagte das in so einem verletzenden Ton, dass Silvia ihm einen bösen Blick zuwarf.
»Ja, ich und Probleme! Meinst du vielleicht, dass ich hier besonders glücklich bin. Hier in dieser Einöde, ohne Freunde, Bekannte und gesellschaftliche Ereignisse. Für das alles hast du ja plötzlich keinen Sinn mehr. Und besonders unterhaltsam bist du gerade auch nicht. Mir ist total langweilig! Aber du denkst ja nur an dich!«
Philipp schaute Silvia längere Zeit nachdenklich an und wollte gerade den Mund öffnen, um Silvia zu antworten, als Cora mit dem Tee kam. Er wartet ab, bis sie wieder gegangen war.
»Ich glaube, dich mit nach Ascona genommen zu haben, war ein großer Fehler. Das sehe ich mittlerweile ein. Besser wäre gewesen, du wärst in Frankfurt geblieben. Bei deinen oberflächlichen Freunden und deinen diversen Liebhabern«, sagte er bissig. Silvia schaute ihn erstaunt an.
»Was willst du denn damit sagen?«, fragte sie spitz.
»Glaub bloß nicht, ich wüsste nicht, was du so die ganze Zeit getrieben hast. Du hältst mich wohl für ziemlich dämlich, wie? Schließlich habe auch ich Freunde im Golfklub, die mir das eine oder andere über dich erzählt haben.«

»Das Leben mit dir ist ja auch kein Zuckerschlecken. Man kann nicht behaupten, dass du mich besonders beachtest. Und das schon seit vielen Jahren. Ich bin doch wie Luft für dich«, schnaubte Silvia und warf vor lauter Empörung fast ihre Teetasse um.
»Ich kann mich überhaupt nicht mehr daran erinnern, wann wir das letzte Mal miteinander geschlafen haben. Schließlich bin ich eine ganz normale und, wie ich finde, gut aussehende Frau, die auch ihre Bedürfnisse hat. Ich will nicht neben dir versauern!«
Silvia war nun völlig außer sich und schaute Philipp wütend an. Ihre Augen verengten sich wie bei einer Katze, die zum Sprung ansetzt.
So wütend hatte Philipp sie schon lange nicht mehr gesehen. Es belustigte ihn, wie sehr sie sich aufregte und er konnte sich ein Grinsen nicht verkneifen.
»Reg dich nicht so auf! Ich fahre jetzt erst mal morgen für zirka zehn Tage nach Frankfurt. Danach reden wir in Ruhe weiter über unsere Beziehung. Ich finde, wir sollten eine Lösung finden und ich persönlich habe da bereits meine eigenen Vorstellungen. Schon seit geraumer Zeit denke ich darüber nach, ob wir uns nicht besser trennen sollten. Wir gehen uns doch beide nur gegenseitig auf die Nerven, findest du nicht auch?«, fragte er fast milde.
Silvia erschrak. Nun hatte Philipp zum ersten Mal klar und deutlich ausgesprochen, was sie schon seit Langem befürchtet hatte. Er wollte sich von ihr trennen, was mit Sicherheit Scheidung bedeuten würde. Sofort fiel ihr der Ehevertrag ein, den sie vor ihrer Heirat dummerweise unterschrieben hatte. Aber damals hatte sie eigentlich keine andere Wahl, denn sie wollte die Ehe mit Philipp um jeden Preis.

»Das hast du dir ja fein ausgedacht. Der Mohr hat seine Schuldigkeit getan, der Mohr kann gehen. Ich habe dir meine Jugend geopfert, damit du mich jetzt einfach so fallen lässt. Damit kommst du nicht durch, mein Lieber!«
Philipp grinste sie nun unverschämt mit kalten Augen an. »So – wir werden ja sehen«, sagte er in scharfem Ton, nahm seine Zeitung und verschwand schnellen Schrittes im Haus.
Silvia kochte vor Wut und als Cora fragte, ob sie noch einen Wunsch hätte, fuhr sie sie unfreundlich an.
»Nein. Ich möchte jetzt nicht mehr gestört werden. Kümmern Sie sich gefälligst um den Haushalt!«
Cora räumte mit einem beleidigten Gesicht Philipps Geschirr ab und verschwand wortlos im Haus.
Hoffentlich hat sie nichts gehört, dachte Silvia, die es hasste, wenn das Personal Intimitäten verbreitete.
Und Cora, das fiel ihr schon seit Längerem auf, war ziemlich neugierig und schnüffelte gern auch mal in ihren Sachen herum. Sie hatte sie erst neulich beobachtet, wie sie an ihrem Schreibtisch einen Brief ihrer Mutter in der Hand hatte.
Ich werde mir ein neues Mädchen suchen, dachte sie. Cora war ihr außerdem viel zu hübsch. Man muss sich die Konkurrenz ja nicht auch noch ins Haus holen.
Silvia nahm ihre Teetasse mit zum Swimmingpool und legte sich in eine der bequemen Gartenliegen. Sie musste nun einen klaren Kopf behalten und ganz genau nachdenken, welche Schlussfolgerungen sie aus Philipps Andeutungen zu ziehen hatte.
Mal ganz ruhig, Silvia. Punkt für Punkt die Sache durchdenken und nur nichts übersehen, dachte sie.

Zum Glück hatte sie in all den Ehejahren regelmäßig Geld zur Seite gelegt, von dem Philipp – dieser Schuft – nichts wusste. Der letzte Kontoauszug, den sie sich zu ihrem eigenen Postfach schicken ließ, betrug immerhin rund zweihunderttausend Euro. Das war besser als nichts, aber bei Weitem nicht genug, fand sie.
Philipps Vermögen musste riesig sein. Sie wusste nur, dass er einige Millionen auf Schweizer Konten liegen hatte. Aber die genauen Summen waren ihr nicht bekannt, da Philipp seine Unterlagen stets in seinem Safe aufbewahrte und sie nie darüber informiert hatte. Aber sie wusste auch, dass das meiste Geld sicher auf einem Nummernkonto angelegt war. Das Prozedere mit solch einem Konto war ihr zwar nicht geläufig, aber allzu schwer dürfte es wohl nicht sein. Sie musste nur an Philipps Codewort kommen, denn ohne dieses Wort, das wusste sie, kam man an das Geld nicht ran.
»Schuft, Schuft, Schuft!«, flüsterte sie leise und unheimliche Rachegefühle kamen in ihr auf. Wie kann ich es nur anstellen, an das große Vermögen heranzukommen, grübelte sie angestrengt nach und wieder fielen ihr die wirren Gedanken der vergangenen Nacht ein und sie konstruierte im Geiste die verschiedensten Möglichkeiten, wie sie Philipp am bestens eins auswischen konnte.

Peter spioniert

Im Schritttempo fuhr Peter Struwe an dem großen Tor der Villa Sandter vorbei und versuchte möglichst unauffällig in den Garten zu schauen. Alles was er jedoch vom Tor aus sehen konnte, war eine aufwändig gestaltete Einfahrt, die im Kreisverkehr zur großen Eingangstür führte, ein

sehr großes Nebengebäude, in dem unten mehrere Garagen untergebracht waren und darüber augenscheinlich eine Bediensteten- oder Gästewohnung.
Zwei riesige Löwenstatuen säumten links und rechts den Hauseingang und nur wenige kleinere Fenster lagen zur Straßenseite.
Wow, nicht übel, dachte er. Das ist doch ganz genau meine Kragenweite. So wohnt also das ganz große Geld!
Er parkte sein Fahrzeug unweit der Villa und versuchte, das Grundstück zu umlaufen, um mehr zu sehen. Was allerdings nicht möglich war, da es an andere eingezäunte, große Villengrundstücke angrenzte. Deshalb fuhr er zu der unterhalb liegenden Straße und versuchte mit seinem Fernglas, das er immer in seinem Handschuhfach mit sich führte, die Villa von unten aus zu betrachten.
Aber auch hier hatte er Pech. Das Gelände war hier sehr steil und durch die Bäume der unteren Grundstücke ließ sich nur das Dach der Villa erahnen.
Egal, dachte er. Die Lady des Hauses war auf jeden Fall einen Versuch wert.
Er zog Silvias Visitenkarte aus seinem Portemonnaie, griff zu seinem Handy und wählte ihre Nummer.
»Das ist aber nett, dass Sie anrufen«, flötete Silvia zuckersüß in den Hörer. »Ich habe gerade an Sie gedacht.«
»Hoffentlich nur Gutes. Wie versprochen, stehe ich ihnen in den nächsten Tagen voll und ganz zur Verfügung und freue mich, wenn wir uns treffen könnten.«
»Sehr gern. Ich schlage vor, dass Sie morgen Nachmittag gegen fünfzehn Uhr zu mir auf ein Glas Wein kommen. Mein Mann verreist morgen für zehn Tage nach Frankfurt. Ich kann dann völlig ungeniert über meine Zeit verfügen. Wissen Sie, wie Sie zu mir fahren müssen?«

»Ja, kein Problem. Ich habe eine Karte von Ascona und der Hotelier hat mir die Strecke schon beschrieben. Ich werde es schon finden«, log er. »Ich freue mich sehr auf Sie. Bis morgen.« Peter legte auf und rieb sich erfreut die Hände. Er spürte ein Kribbeln unter der Haut und merkte wie sein Adrenalinspiegel anstieg. Das Jagdfieber hatte ihn wieder gepackt.

Richtung Gotthard

Es herrschte ziemlich viel Verkehr auf der Autobahn nach Norden und Philipp schaltete sicherheitshalber sein Autoradio ein.

Er klickte sich am Lenkrad von Sender zu Sender, bis er den Schweizer Rundfunksender DSR1, mit Verkehrsmeldungen gefunden hatte. Er wollte nicht riskieren, vor dem Gotthard-Tunnel in einen größeren Stau zu geraten. Dieses Nadelöhr und einzige Verbindung zwischen dem Kanton Uri und dem Tessin, hatte ihm schon etliche Stunden Wartezeit beschert, weil er es frühzeitig verpasst hatte, die einzige mögliche Alternative über den ›San Bernhardino-Pass‹ zu nehmen. Das machte er nur ungern, weil es doch einige Kilometer mehr für ihn bedeutete. Aber er hatte Glück, für den Tunnel in Richtung Norden waren diesmal keine nennenswerten Staus angesagt.

Bevor er das Tessin verließ, wollte er noch volltanken und nahm die nächste Ausfahrt zur Tankstelle. Beim Bezahlen fiel ihm die Headline eines deutschen Wirtschaftsmagazins ins Auge.

Skandal um Selkmann-Aktien! War es Betrug?, stand in fetten Lettern auf der Titelseite. Daneben das Foto des lächelnden Vorstandschef Lothar Best.

Schnell kaufte er sich ein Exemplar und überflog im Auto den Artikel.
»Verdammte Scheiße!«, fluchte er laut. Sein Name wurde nicht direkt erwähnt, aber man sprach von einem bekannten Frankfurter Anlageberater und der Autor des Beitrages ließ durchblicken, dass in Kürze die Staatsanwaltschaft sicherlich auch gegen ihn wegen Betrugs ermitteln werde. Erregt nahm er seine Aktentasche und durchsuchte diese nach wichtigen Unterlagen.
»Scheiße, Scheiße, Scheiße!«, fluchte er erneut und schlug dabei heftig auf sein Lenkrad ein. Die Vertragsunterlagen mit Selkmann hatte er doch tatsächlich nicht dabei. Er musste unbedingt umkehren und sich den Aktenordner holen. Das war einfach zu wichtig für ihn. Nichts hasste er mehr, als unvorbereitet auf irgendwelche Schwierigkeiten zu stoßen. Und hier musste er wachsam und sehr gut auf alles vorbereitet sein, das sagte ihm sein Instinkt für unangenehme Dinge.
Zum Glück war es ihm bereits wenige Kilometer nach Ascona aufgefallen und nicht erst hinter dem Gotthard-Tunnel. Oder, noch schlimmer, erst in Frankfurt.
So fuhr er schnell zurück nach Ascona, um die Unterlagen zu holen. Zuvor wollte er aber noch Luisa Bescheid sagen.
»Hallo Luisa, jetzt ist es 14.30 Uhr. Ich war schon losgefahren und muss leider noch einmal kurz umkehren, weil ich die Unterlagen von Selkmann vergessen habe. Deshalb wird es wohl etwas später werden. Du hast sicher auch schon den Artikel gelesen. Ganz schöner Mist! Ich rufe dich von unterwegs noch einmal an, Tschüss.«
Philipp klappte sein Handy zu. Er hatte Luisa auf ihre Mailbox gesprochen, damit sie sich keine Sorgen machte, wenn er nicht schon am Nachmittag in Frankfurt ankam.

Sicherlich war sie beim Einkaufen und bereitete alles für einen gemütlichen Abend vor.
Philipp seufzte. Ihn beschlich die dunkle Vorahnung, dass in nächster Zeit viel Unangenehmes auf ihn zukommen könnte. Aber es war ein herrlicher Tag und er wollte sich nicht schon heute die schlimmsten Gedanken machen. Er lächelte in sich hinein, weil er selbst bemerkte, dass er bereits nach der kurzen Zeit hier im Süden zu mehr Gelassenheit gefunden hatte. Wie hektisch hätte er sich noch vor einem Jahr verhalten. So dachte er nur, in der Ruhe liegt die Kraft und fuhr ganz langsam mit offenem Verdeck die schmalen Gassen den ›Monte Veritá‹ hinauf zu seinem Haus. Wie schön es hier doch ist. Warum hatte er nur in all den Jahren für die Schönheiten der Natur kein Auge gehabt. Überall blühte und grünte es um ihn herum, obwohl es doch schon fast November war. Immer noch blühten üppig die Rosen, Astern und Chrysanthemen in allen erdenklichen Farben und leuchteten ihm entgegen. Die Khakibäume, die häufig nicht abgeerntet wurden, bogen ihre Zweige nach unten, übervoll mit reifen Früchten behängt. Der blaue See spiegelte sich im Sonnenschein und war von der kurvigen Straße fast von jedem Winkel aus zu sehen. Langsam nahm er die letzte Kurve zu seinem Haus und wollte gerade in sein Grundstück abbiegen, als ihm auffiel, dass ein Fahrzeug mit deutschem Autokennzeichen in der Einfahrt stand.
Leichte Panik ergriff ihn.
Sollten etwa die deutschen Behörden in Sachen Selkmann hier schon herumspionieren? Spontan entschloss er sich, sein Auto neben dem Grundstück, hinter einer hohen Hecke verborgen, abzustellen. Oder hatte Silvia etwa in seiner Abwesenheit Besuch aus Deutschland, von dem er

nichts wusste? Der Sache wollte er vorsichtig auf den Grund gehen.
Unbemerkt schlich er sich ganz leise durch das eingewachsene kleine Tor, das sich seitlich am Haus zwischen der Hecke befand und für das er zum Glück den Schlüssel hatte. Von hier aus betrat er durch die Seitentür sein Büro und holte erst einmal die vergessenen Unterlagen aus seinem Safe. Dann schaute er verstohlen in den Garten, aus dem er leise Stimmen vernahm.
Natürlich, Silvia hat Besuch, dachte er erleichtert! Er sah sie in bester Laune einem Mann gegenüber sitzen, der ihm den Rücken zukehrte. Offensichtlich flirteten sie ungeniert miteinander und wähnten sich allein. Cora hatte heute ihren freien Nachmittag, also konnte Silvia ungestört den Fremden empfangen.
Philipp versuchte, etwas von ihrem Gespräch aufzuschnappen. Dafür musste er sein Ohr ganz nah ans Fenster drücken und dabei aufpassen, dass sie ihn nicht sehen konnten.
Alles was zu ihm heraufdrang, verursachte ihm Übelkeit. Silvia und der Unbekannte waren so dreist, sich in seinem Haus über ihn lustig zu machen. Er hörte ganz deutlich, wie sie erzählte, dass sie ziemlich einsam und unglücklich sei und sich freuen würde, wenn Peter – so hieß der Unbekannte wohl – sich etwas um sie kümmern könnte, um ihre Einsamkeit zu versüßen. Offensichtlich kannte sie ihn kaum und war doch schon so vertraut mit ihm. Einfach widerlich, dachte er. Er hatte genug gehört und wollte sich wieder davonschleichen, als er noch einen letzten Blick in den Garten warf.
Wie vom Blitz getroffen blieb er stehen. Er traute seinen Augen kaum. Der Mann war aufgestanden und stand

plötzlich, gut sichtbar von seinem Fenster aus, vor ihm im Garten und schaute in seine Richtung. Aber zum Glück konnte er ihn nicht sehen, da die Klappläden aufgestellt waren. Das gibt's doch nicht, dachte Philipp erschrocken. Der sieht ja genauso aus wie ich! Vielleicht etwas jünger und auch etwas schlanker. Und die Haare waren nicht so grau meliert wie seine und wesentlich länger. Aber sonst. Man könnte meinen, mein Zwillingsbruder steht hier vor mir.

Völlig durcheinander und nachdenklich verließ Philipp, unbemerkt wie er gekommen war, die Villa und fuhr nach Ascona hinunter auf die Piazza. Diese Zeit wollte er sich noch nehmen, die Angelegenheit schien ihm doch zu merkwürdig. Er ging ins Hotel, dessen Namen er aus dem belauschten Gespräch entnommen hatte, und erkundigte sich selbstsicher an der Rezeption nach einem Gast namens Peter, vermutlich aus Bochum. Damit bezog er sich auf das Nummernschild des parkenden Fahrzeugs vor seiner Villa.

»Wir haben uns gestern kennengelernt. Seinen Nachnamen weiß ich leider nicht. Ich wollte ihm eine Nachricht hinterlassen«, log er die Dame am Empfang an und hoffte, dass sie diesen Peter nicht vom Aussehen her kannte.

»Das kann nur Herr Struwe sein. Er ist seit zwei Tagen bei uns einquartiert. Soll ich etwas für ihn hinterlegen?«, fragte ihn die Dame freundlich.

»Nein, danke. Ich habe es mir anders überlegt. Ich werde ihn noch einmal aufsuchen. Vielen Dank.«

Philipp verließ schnell das Hotel und machte sich erneut auf den Weg nach Frankfurt, nicht ohne in tiefes Grübeln darüber zu verfallen, was es wohl mit der Ähnlichkeit mit diesem Peter Struwe auf sich hatte. Sobald er wieder an seinem Computer war, wollte er im Internet nach dem Namen Peter Struwe suchen, um mehr über diesen mysteriösen Herrn zu erfahren.

Luisa gerät unter Druck

Luisa war nervlich am Ende. Erst vor wenigen Minuten hatten fünf Ermittler der Staatsanwaltschaft alle Aktenordner aus ihrem Büro mitgenommen und so ziemlich das ganze Büro auf den Kopf gestellt. »Wir ermitteln in Sachen Selkmann und geben keine weiteren Auskünfte. Sie sind verpflichtet, uns alle gewünschten Unterlagen auszuhändigen und alle Auskünfte zu erteilen die wir von Ihnen benötigen, ansonsten können Sie sich strafbar machen«, war die lapidare Auskunft, die sie von den Beamten erhielt.

Eingeschüchtert übergab sie den Männern sämtliche Unterlagen und nannte ihnen die deutschen Kontoverbindungen, soweit sie ihr bekannt waren. Das Auftreten der Kripobeamten war äußerst rabiat und unfreundlich und Luisa genehmigte sich nach deren Abfahrt erst einmal mit zittrigen Händen einen Cognac, um ihre Nerven zu beruhigen. Sie setzte sich dabei auf das große Sofa im Empfangszimmer, um tief durchzuatmen und zu entspannen. Dazu waren ihre Yogaübungen bestens geeignet und sie fühlte sich schon bald etwas ruhiger.

Ich muss unbedingt Philipp erreichen. Er sollte doch eigentlich schon längst da sein, dachte sie verzweifelt und griff zu ihrem Handy. Dann sah sie, dass eine Nachricht auf ihrer Mailbox aufgelaufen war und hörte diese ab. Sogleich wählte sie Philipps Handynummer und war erleichtert, als er sich meldete.

Aufgeregt erzählte sie ihm alles, was gerade geschehen war und konnte nicht verhindern, dass ihr dabei die Tränen die Wangen hinunter liefen.
»Ich habe nicht gesagt, dass du auf dem Weg nach hier bist«, sagte sie. »Ich habe gesagt, dass ich nicht wüsste, wo du dich gerade befindest. Du wärst auf einer Urlaubsreise und telefonisch nicht zu erreichen. Die Kripo meinte, dass es für dich am besten wäre, wenn du dich umgehend bei ihnen melden würdest. Sie haben ihre Namen und Telefonnummern dagelassen.«
»Das hast du sehr gut gemacht. Bitte reg dich nicht so auf. Es wird schon nicht so schlimm sein. Nichts wird so heiß gegessen, wie es gekocht wird.«
Philipp spürte ihre Verzweiflung und versuchte, Luisa zu beruhigen.
Aber er selbst wusste die Ermittlung durchaus richtig einzuschätzen. Wer einmal in den Fängen der Staatsanwaltschaft steckte, kam so schnell nicht ungeschoren wieder heraus. Das hatte er in einem ähnlichen Fall eines Kollegen schon erlebt. Der saß heute noch für ein paar Jahre im Gefängnis und war sein ganzes Vermögen los. Das durfte ihm auf keinen Fall passieren. Er musste nun einen klaren Kopf behalten und ganz schnell handeln, das war nun das Wichtigste.
Der Verkehr vor dem Gotthard schleppte sich nur mühsam voran. So hatte er genügend Zeit zum Nachdenken.
Er stand etwa zwei Kilometer vor dem Tunnel im Stau und entschied sich spontan, in Airolo abzubiegen und wieder nach Ascona zurückzufahren. Kurzentschlossen rief er Luisa wieder an und teilte ihr mit, dass er aufgrund der brenzligen Situation in Deutschland erst morgen oder übermorgen ankommen würde. Er müsse hier erst einige

wichtigen Dinge klären, bevor er der Staatsanwaltschaft in die Finger geriet.
Es war ihm klar, dass auch die Schweizer Banken, wenn der deutsche Staatsanwalt ermittelt, nicht mehr wasserdicht waren und eventuell Konteneinsicht gewährten. Obwohl eigentlich alles kein Schwarzgeld, sondern versteuertes Geld war, das er hier angelegt hatte. Trotzdem musste er auf Nummer sicher gehen und den Behörden zuvorkommen.
Langsam fuhr er auf den Parkplatz seiner Bank in Ascona und blieb erst eine Weile grübelnd im Auto sitzen. Er durfte nun keinen Fehler machen und musste sich eine ganz genaue Vorgehensweise zurechtlegen. Eins war ihm unmissverständlich klar: Er musste seine Konten in der Schweiz auflösen und das Geld unbedingt vor dem Fiskus in Sicherheit bringen. In dieser Sache durfte er nicht leichtfertig sein und kein Risiko eingehen. Seine Geschäftskonten in Deutschland waren mit Sicherheit schon genauestens von der Kripo unter die Lupe genommen worden, und wer weiß, vielleicht auch schon gesperrt. Das wusste er von dem inhaftierten Kollegen, dass das meist die erste Maßnahme der Staatsanwaltschaft war. Und seine Schweizer Konten kannte bisher niemand und es sollte sie auch keiner kennenlernen.
Er atmete tief durch und steuerte zielsicher das Büro des Filialleiters an, den er schon seit Jahren sehr gut kannte und der die Diskretion in Person war. Er ließ ihn wissen, dass er eines seiner Konten bei dieser Bank aus geschäftlichen Gründen total auflösen müsse. Er brauche unbedingt noch heute, spätestens morgen das Geld – und zwar in bar.

Seine schwierige und brisante Situation bezüglich einer eventuellen Straftat verschwieg er geflissentlich. Das Geld seiner anderen Nummernkonten ließ er zu der Filiale der Bank nach Singapur überweisen, die dort ebenfalls ein Nummernkonto für ihn führen sollte.

Die erste Nacht mit Silvia

Leise verließ Peter Struwe barfüßig das große Bett, in dem Silvia schlafend völlig entspannt ein- und ausatmete. Er schlich sich vorsichtig die Treppe hinunter in die Küche. Ihn überfiel plötzlich ein Bärenhunger und er wollte nachsehen, ob im Kühlschrank vielleicht noch etwas Leckeres für ihn bereitstand.

Mensch Peter, du bist der Größte, sagte er zu sich selbst. Er freute sich diebisch, dass er es wieder einmal geschafft hatte, ein Goldstück ins Bett zu locken und diesmal, wie es den Anschein hatte, war das wie ein Sechser im Lotto. Von gestrigen Abendessen fand er noch ein kaltes Stück Rinderbraten, den Cora offensichtlich für sie vorgekocht und der ihnen gestern Abend so vorzüglich geschmeckt hatte. Silvia hatte alle weiblichen Register gezogen, um ihm einen angenehmen und intimen Abend zu bereiten, der – wie nicht anders zu erwarten – in ihrem Bett endete. Mit sich zufrieden, verdrückte er mit Genuss den restlichen Braten und wischte sich gerade den Mund ab, als ihn zwei Arme von hinten umschlangen.

»Was ist denn hier los, hat der Herr etwa immer noch Appetit?«, fragte Silvia schnurrend wie ein Kätzchen und schmiegte sich fest an ihn. Sie war wie schon lange nicht mehr so zufrieden mit sich und der Welt und er spürte, dass sie wie Wachs in seinen Händen war.

Peter zerrte sie hinter sich her ins Bett, um der Dame erneut zu beweisen, was es mit seiner Männlichkeit auf sich hatte. Schließlich musste er sie unbedingt von seiner Verliebtheit überzeugen, denn er wollte sie ja mit Haut und Haaren gefangen nehmen und sie von seiner Gunst abhängig machen.
Nachdem sich ihre Leidenschaft erschöpft hatte und sie nur noch eng umschlungen nebeneinanderlagen, hatte Silvia plötzlich eine zündende Idee.
»Ich mache mir schon den ganzen Abend darüber Gedanken, was wohl Cora sagen wird, wenn sie dich morgen früh hier antrifft. Dazu ist mir eben ein toller Spaß eingefallen. Mal sehen, was du davon hältst. Was würdest du sagen, wenn du dich als Philipp ausgibst? Du ziehst seine Sachen an, ich schneide dir die Haare kürzer und könnte sie dir auch noch grau färben. Das wäre doch mal ein lustiger Streich, was meinst du dazu?«
Dabei sah sie ihn schelmisch, aber doch mit einer gewissen Anspannung an.
Peter war erstaunt und dachte nach. Er spürte die Brisanz der Frage und übersah nicht, um wie viel Ecken Silvia bereits gedacht hatte. Ganz schön ausgekocht die Dame, dachte er beeindruckt. Bei diesem Spiel muss ich auf der Hut sein, damit ich am Ende auch als Gewinner dastehe.
»Warum denn nicht, schließlich bin ich Schauspieler«, lächelte Peter deshalb amüsiert. »Ich müsste aber schon einige Bilder von deinem Mann sehen, damit ich mich so richtig auf ihn einstimmen kann.«
Silvia wurde nun ganz aufgekratzt. »Ich weiß noch was Besseres. Ich hole uns das Video vom letzten Sommer. Ich habe für Freunde in Deutschland einen Film vom Haus hier aufgenommen, auf dem Peter mehrfach zu

sehen, und auch zu hören ist. Den schauen wir uns jetzt an.«
Sie schlang schnell ihren Bademantel um ihren nackten Körper und ging eilig ins Nebenzimmer, um mit einer DVD zurückzukommen, die sie sofort in das Gerät schob, das auf der Anrichte in ihrem Schlafzimmer stand. Im Bett liegend konnten sie sich so bequem den kleinen Film ansehen.
Philipp ging wiederholt durchs Bild und sagte ein paar Grüße an die Freunde in Frankfurt, erklärte den Garten und die Lage des Hauses und lud sie ein, sie hier zu besuchen.
Peter ließ den Film häufiger abspielen und studierte jede Geste von Philipp sehr genau und versuchte, seine Stimme zu imitieren, was ihm als Schauspieler relativ gut gelang. Außerdem hatte er großes Talent Menschen nachzuahmen. Speziell den leichten hessischen Einschlag konnte er gut nachmachen, da er früher einmal in einem Theaterstück diesen Dialekt sprechen musste.
Silvia machte die Augen zu, als er als Philipp zu ihr sprach und war begeistert.
»Das kannst du wirklich ganz toll. Cora wird bestimmt nichts merken, zumal sie ja Tessinerin ist und die deutschen Dialekte bestimmt nicht gut unterscheiden kann.«
Nun waren sie beide ganz bei der Sache. Silvia holte Kamm und Schere und schnitt Peter erst einmal die Haare ganz kurz und zog einen kurzen Scheitel, wie bei Philipp, auf der rechten Seite. Peter musste ihr nun gestehen, dass er seine Haare schon seit Jahren färbte und eigentlich auch schon grau sei.
»Umso besser«, meinte Silvia, »dann haben die nachwachsenden Haare ja genau die richtige Farbe. Prima!«

Eifrig rührte sie anschließend im Bad die silbergraue Haarfarbe an, die sie noch vom Fasching her unberührt stehen hatte, und färbte Peter die Haare.

»Wir müssen aufpassen, dass die Farbe nur nicht zu lange einwirkt, sonst wird es zu weiß«, meinte sie fachkundig. Sie kannte sich da noch ein bisschen aus, denn in jungen Jahren hatte sie sich ihre Haare aus Kostengründen immer selbst gefärbt. Das Ergebnis war verblüffend. Silvia war überwältigt. »Unfassbar, wie leicht man einen Menschen verändern kann«, sagte sie und holte gleich zwei volle Champagnergläser aus der Küche. »Darauf stoßen wir an. Möge unser kleines Spiel gelingen!«

»Auf unser Abenteuer«, prostete Peter ihr mit einem Augenzwinkern zu und sah mit Erstaunen, wie sich Silvias lächelnde Gesichtszüge zu einer lauernden, ja fast heimtückischen Miene verzogen.

»Wer weiß«, sagte sie vieldeutig, »was sich aus unserem Experiment noch alles entwickeln kann. Mal abwarten.«

Auf der Bank

Philipps gestrige spontane Idee, eines seiner Schweizer Konten aufzulösen, bereiteten ihm nun doch einige Kopfschmerzen. Der Aluminiumkoffer, den er sich zwischenzeitlich besorgt hatte, lag voll beladen mit über zwei Millionen Euroscheinen neben ihm auf dem Beifahrersitz. Nun überlegte er krampfhaft, wo er den Koffer am besten sicher aufbewahren konnte. Er kam zu dem Entschluss, das Vermögen vorerst am besten im Gästehaus seiner Villa zu deponieren. Diese Räume wurden bisher von niemandem betreten und Gäste wurden auch keine erwartet. Er wollte aber unbedingt erst einmal die Lage sondieren,

um zu sehen, was Silvia vor hatte und ob dieser Peter noch immer im Haus war.
So fuhr er bei Dämmerung langsam den Berg hinauf zu seinem Haus und parkte, wie schon am Tag zuvor, hinter der großen Hecke, um danach leise zum Haus zu schleichen. Cora hatte, wie er wusste, bereits Feierabend und es brannte nur im großen Wohnraum das Licht.
Von draußen hörte er durch das offene Terrassenfenster lachende Stimmen. Dann ist dieser Typ also immer noch da, erfasste er ärgerlich und schlich vorsichtig auf die seitliche Terrasse. Hier konnte er in einer dunklen Ecke sehr gut hören, was im Inneren gesprochen wurde. Sehen konnte er die beiden allerdings nicht. Er drückte seinen Körper flach an die Hauswand und lauschte der leise geführten Unterhaltung. Jedes erlauschte Wort traf ihn wie ein Blitz und schockierte ihn tief bis ins Mark. Offensichtlich hatten die beiden eine große Schweinerei vor. Wenn er es richtig verstand, wollte sich dieser Peter doch tatsächlich für ihn ausgeben. Was das eventuell bedeuten könnte, malte er sich gedanklich aus. Bestimmt wollten sie mit irgendwelchen Tricks an sein Vermögen ran und bestimmt ganz besonders an seine Schweizer Konten.
Wieder vernahm es lautes Gelächter aus dem Wohnzimmer.
Na warte, meine liebe Silvia. Dir wird das Lachen noch vergehen! Dir werde ich die Suppe gründlich versalzen, dachte er angewidert. Er hatte genug gehört und schlich ganz leise ins Gästehaus hinüber und deponierte seinen Koffer. Gut versteckt in einer alten, verstaubten Kleidertruhe, die mit einem rostigen Schloss zu verriegeln war. Den Schlüssel steckte er ein und verließ, leise wie er gekommen war, ungesehen das Grundstück. Dann fuhr er

mit seinem Wagen zurück in das Hotel auf der italienischen Seite des Sees, in dem er bereits die letzte Nacht verbracht hatte.

Jochen Steffens ermittelt

Luisa war erleichtert darüber, dass sich Philipp gestern endlich wieder bei ihr gemeldet hatte. Sie wusste nun, dass er in den nächsten Tagen zurückkommen würde, um ihr den Stress mit der Staatsanwaltschaft abzunehmen. Die Kripo hatte bereits erneut nachgefragt, ob sie ein Lebenszeichen von Philipp erhalten habe, was sie mit gutem Gewissen verneinen konnte. Aber sie wusste auch, dass das alles nur die Ruhe vor dem Sturm war, denn auch Journalisten riefen mehrfach an und wollten Auskünfte über die Selkmann AG und Philipps Rolle in dieser Angelegenheit. Offensichtlich ging es um viele Strafanzeigen, die die betrogenen Anleger in der Zwischenzeit gestellt hatten. Es war wie eine losgetretene Lawine, die nicht nur Beyerlein, sondern vielleicht auch Philipp in gleicher Weise überrollte. Und davor hatte sie große Angst. Im Büro waren so ziemlich alle Akten konfisziert worden. Sie fühlte sich sehr hilflos und wusste nicht, was überhaupt noch für sie zu tun war. Sie konnte nur auf Philipp warten und etwas Ordnung machen.

Gerade als sie dabei war, das Büro abzuschließen um nach Hause zu gehen, sprach sie Jochen Steffens, ein junger Journalist eines bekannten Wirtschaftsmagazins, mit dem sie nachmittags schon einmal länger telefoniert hatte, von hinten an.

»Sie müssen Luisa Meurer sein«, sagte er charmant lächelnd. »Wir haben heute telefoniert. Ich heiße Jochen

Steffens vom Wirtschaftsmagazin. Darf ich Sie vielleicht ein Stück begleiten?«

Luisa, die sich erschreckt hatte, beruhigte sich jedoch schnell wieder, als sie in die freundlichen, braunen Augen dieses Journalisten sah.

Der sympathisch aussehende junge Mann hatte eine unaufdringliche nette Art, sodass sie nicht unhöflich sein wollte und ihm erlaubte, sie ein Stück zu begleiten.

»Ich habe aber wenig Zeit. Ich muss noch etwas zum Abendessen einkaufen - mein Kühlschrank ist leer«, sagte sie und ging mit ihm in Richtung Aufzug.

»Ich hätte eine bessere Idee. Ich lade Sie zum Essen ein. Wie wär's mit dem Italiener um die Ecke? Hätten Sie Lust und Zeit?«

Die vielen Fragen, die er ihr heute am Telefon bereits gestellt hatte, waren allesamt nicht unangenehm und sehr rücksichtsvoll. Er war nicht einer dieser aufdringlichen Sensationsreporter, die schon mehrfach versucht hatten, Interna über Selkmann von ihr zu erfahren.

Überdies hatte sie großen Hunger und Lust auf etwas Abwechslung. Auch gefiel ihr der junge Mann – er war nur wenig älter als sie. Was sprach also dagegen, wenn sie mit ihm zu Abend aß?

»Warum eigentlich nicht«, sagte sie deshalb und erntete ein strahlendes Lächeln.

Im Ristorante um die Ecke war fast jeder Platz besetzt. Die zumeist jüngeren Gäste waren in der Regel Leute aus den umliegenden Büros.

Meist Singles, die es sich leisten konnten, abends essen zu gehen und keine Lust hatten, nach einem aufreibenden Arbeitstag zu Hause zu kochen. Außerdem betrachtete man hier das Lokal als kleine Kontaktzentrale für erfolg-

reiche Singles, die gern Gleichgesinnte kennenlernen wollten.
Luisa war nur selten hier, da sie ihr gemütliches Zuhause bevorzugte und gern auch für sich allein kochte. Außerdem war sie an lockeren Bekanntschaften nicht besonders interessiert. Sie hatte doch Philipp und wollte nur für ihn da sein. Wenn sie auch bemerkt hatte, dass er sich immer mehr von ihr zurückzog. Sie spürte genau, wie er stocksteif wurde, wenn sie ihn nur umarmte. Trotzdem fühlte sie, dass er immer für sie da sein würde. Aber nur als guter Freund und nicht mehr, was sie zwar nicht wahrhaben wollte, weil es einfach zu sehr schmerzte. Hinzu kam die große räumliche Entfernung zwischen ihnen, die alles auch nicht leichter machte. Manchmal hatte sie das Gefühl, dass er ihretwegen ins Tessin gezogen sei, um Abstand zu gewinnen. Dabei war doch außer ein paar Umarmungen noch überhaupt nichts zwischen ihnen passiert. Vielleicht sollte ich ihn etwas eifersüchtig machen, damit er aus der Reserve gelockt wird und ich endlich Klarheit darüber habe, ob er mich überhaupt liebt, dachte sie betrübt und schaute abwesend in die Speisekarte.
»Hallo, Luisa, - ich darf Sie doch so nennen? Wo sind Sie denn mit ihren Gedanken. Bestimmt nicht bei den köstlichen Speisen auf dieser Karte.«
Jochen Steffens grinste sie über den Brillenrand schalkhaft an, sodass sie lachen musste.
»Entschuldigen Sie, ich war mit meinen Gedanken noch im Büro. Bei den ganzen Aufregungen der vergangenen Tage ist das wohl verständlich, oder?«
»Womit wir schon beim Thema wären. Darf ich Sie so nebenbei immer etwas ausfragen«, scherzte Jochen und bemühte sich dabei um einen unschuldigen Augenaufschlag.

»Dürfen schon – aber ob ich befriedigende Antworten für Sie habe, glaube ich eher nicht. Ich weiß nämlich sehr wenig über die sogenannte Affäre Selkmann. Und außerdem muss ich erst einmal mit meinem Chef persönlich sprechen, bevor ich irgendwelche Interviews gebe. Das werden Sie doch verstehen.«
Luisa lächelte ihm freundlich zu und schaute wieder angestrengt auf ihre Speisekarte. Sie nahm sich fest vor, keine Details zu verraten. Wenn ihr der junge Mann auch sehr sympathisch war – wer weiß, was dann später im Wirtschaftsmagazin veröffentlicht wurde. Sie durfte hier kein Risiko eingehen.
Es wurde ein sehr netter Abend. Das Essen war hervorragend und ihr Gesprächspartner sehr interessant. Er war sehr unterhaltsam und wusste einige lustige Geschichten von seinen vielen Reisen zu erzählen, die er alle mit dem Rucksack unternommen hatte. Über Selkmann wurde nur am Rande gesprochen. Jochen merkte wohl schnell, dass er hier bei Luisa nicht weiter kam. So kamen sie mehr zu persönlichen Themen an diesem Abend. Luisa erzählte von ihrer verstorbenen Mutter, die ja in der Verlagsbranche keine Unbekannte war und so ergaben sich weitere Ansatzpunkte, die den Gesprächsstoff nicht enden ließen. Sie fühlte sich schon lange nicht mehr so entspannt und lustig unterhalten und Jochen, wie sie ihn nach seiner mehrmaligen Aufforderung nannte, war ihr sehr sympathisch. Ja, sie musste sich selbst eingestehen, dass er ein sehr interessanter, netter Mann mit dem gewissen Etwas war, der außerdem über eine sehr gute Allgemeinbildung verfügte. Eigentlich genau der richtige Mann, um Philipp eifersüchtig zu machen, dachte sie.

Peter fühlt sich wie Zuhause

Peter Struwe stellte vorsichtig seinen Campari auf den Beistelltisch und streckte sich genüsslich auf der Gartenliege am Pool aus, während sich Silvia noch im Bad etwas schick machte.

»Na, was sagst du zu deinem Debüt als Philipp Sandter?«, fragte sie beim Hereinkommen. »Ich fand dich grandios. Cora hat überhaupt nichts bemerkt, da bin ich absolut sicher. Und die Idee, dass du wieder zurückgekommen bist, weil dein Auto in die Werkstatt musste, war auch genial. Voll glaubwürdig.«

Silvia setzte sich auf Peters Schoß und küsste ihn auf die Wange. »Ich muss gestehen, ich bin wieder total verliebt in meinen Mann.«

Dabei lachte sie laut über ihren Scherz und prostete Peter zu, der seinen Auftritt auch sehr gelungen fand und der das Gefühl, ein reicher Mann zu sein, sehr genoss. Das war es eigentlich schon immer, was er sein wollte – ein reicher Mann. Der tun und lassen konnte, was er wollte und dem die Bediensteten all seine Wünsche von den Lippen ablasen.

»Schade nur, dass in wenigen Tagen wieder ein anderer Mann an deiner Seite sein wird«, sagte er deshalb gezielt ironisch zu Silvia. »Unser Schauspiel ist dann leider vorbei.«

»Wenn wir ein wenig kriminelle Energie hätten, könnte mir da schon einiges einfallen.« Silvia sagte dies betont langsam und schaute Peter dabei angespannt an. Sie wollte nicht zu viel sagen und erst einmal sehen, wie Peter auf diese wohlüberlegte Anspielung reagieren würde.

»Wie meinst du das? Sollen wir ihn dezent beseitigen und ich bleibe Philipp Sandter?«

Peter stellte diese Frage lachend, um ihr die Rigorosität zu nehmen und Silvia den Rückzug offenzulassen.
»Tja, wenn wir genügend Mut dazu hätten, wäre das eine geniale Lösung. Wenn man es richtig anstellt, ein Schachzug ohne Opfer. Einfach das perfekte Verbrechen. Man müsste nur den richtigen Plan haben und den zuerst gründlich durchspielen. Dann könnte das eine einwandfreie Sache ganz ohne Risiko sein.« Silvia schaute ihn nun sehr ruhig und resolut direkt in die Augen, sodass er merkte, dass es ihr durchaus ernst war mit dem soeben Gesagten.
»Pass auf, daraus machen wir ein Unterhaltungsspiel. Lass uns das Ganze doch einfach so zum Spaß testweise durchspielen. Das macht uns bestimmt Vergnügen und regt die Fantasie an«, meinte Peter und zog Silvia zu sich heran.
Silvia klatschte begeistert in die Hände. »Prima, ich hole uns einen Notizblock und jeder für sich schreibt stichwortartig auf, wie er sich das vorstellen würde und was dabei zu beachten wäre.«
Voller Eifer rannte sie ins Wohnzimmer und kam mit Stiften und Notizblock bewaffnet wieder zurück. Sie war ganz Feuer und Flamme und schwitzte vor lauter Aufregung. Kleine rote Flecken überzogen ihr Gesicht und sie musste sich mit dem Papier frische Luft zufächeln.
Peter lachte. »Da habe ich ja total in ein Wespennest gestochen. Man könnte fast meinen, du hast nur auf mich gewartet, um deine wilden Fantasien auszuleben. Du bist mir eine«, lachte er und nahm sich einen der Zettel und legte sich genüsslich wieder zurück in die Liege.
Nun herrschte lange Zeit absolutes Schweigen. Jeder für sich grübelte vor sich hin und schrieb, immer wieder ge-

dankliche Pausen machend, eifrig kurze Stichworte auf seinen Zettel, bis Peter seine Schreibutensilien zur Seite legte und Silvia anschaute.

»Bei meinen Überlegungen fällt mir auf, dass ich zuerst einmal mein Hotelzimmer kündigen und dann offiziell nach Bochum zurückfahren müsste. Und das so schnell wie möglich. Mein Auto würde ich dann in Locarno ins Parkhaus stellen, da fällt es keinem auf.«

Silvia grinste ihn belustigt an. »Ich sehe, du nimmst die Sache ernst. Das finde ich gut. Den Gedankengang hatte ich auch schon. Wenn wir dieses Spiel spielen wollen, muss ein Peter Struwe selbstverständlich von hier verschwinden. Hier darf es keinen Peter Struwe mehr geben.«

Was haben Silvia und Peter vor?

Die Ungeheuerlichkeit des Gespräches, das Philipp gestern belauscht hatte, ließ ihn nicht mehr los. Was hatten die beiden denn wirklich vor? Er musste sich ganz genau vor seiner Abreise nach Frankfurt darüber informieren, welche Gaunereien Silvia und der Unbekannte planten. Und das viele Geld. Konnte er es überhaupt verantworten, dass es im Gästezimmer lagerte? Konnte er denn überhaupt nach Frankfurt fahren? Dort würde ihn vielleicht die Kripo in Empfang nehmen und schlimmstenfalls verhaften. Darauf hatte er weiß Gott keine Lust. Er musste unbedingt noch einmal mit Luisa telefonieren, um mehr zu erfahren.

Und wenn sie bereits ihren Telefonanschluss abhörten? Heutzutage war man vor polizeilichen Ermittlungen doch nirgends mehr sicher.

Die Befugnisse waren derart weitreichend, dass Deutschland immer mehr zum Überwachungsstaat wurde. ›Big brother is watching you‹, wie lange war es her, dass er dieses Buch gelesen hatte und nun war alles Vorhergesagte bereits Realität. Der Staat überwachte seine Bürger auf Schritt und Tritt.

Nachdenklich verließ er langsam den Frühstücksraum des Hotels und ging hoch in sein Zimmer, um ungestört mit Luisa zu telefonieren.

Die Nachrichten, die er zu hören bekam, beunruhigten ihn aufs Äußerste. Tatsächlich waren alle Geschäftskonten gesperrt worden. Luisa konnte keine Überweisungen mehr durchführen und wusste nicht, was sie nun machen sollte. Da er nicht sicher war, ob vielleicht auch das Telefon abgehört wurde, bat er sie verschlüsselt, auf seinen erneuten Anruf zu warten.

»Wo gehst du heute Mittag zum Essen?«, fragte er eindringlich. Luisa schien genau zu verstehen, wie er das meinte. Sie wolle zu Alfredo gehen, um eine Kleinigkeit zu essen, antwortet sie.

»Okay, ich rufe dich Punkt zwölf Uhr wieder an«, sagte er knapp und legte auf.

Luisa war bestimmt so intelligent, dass sie den kleinen Hinweis verstand. Punkt zwölf Uhr rief er deshalb aus einer Bar die Nummer von Alfredos Ristorante an und verlangte Luisa an den Apparat. Es dauerte nur wenige Sekunden und Luisas aufgeregte Stimme war zu hören.

»Luisa, hör mir bitte genau zu«, sagte er beschwörend. »Nach reiflicher Überlegung habe ich mich entschlossen, vorerst nicht nach Frankfurt zu kommen. So wie die Dinge aussehen, werden die mich bestimmt in U-Haft nehmen. Dazu habe ich aber ganz bestimmt keine Lust!

Ich regle hier ein paar wichtige Dinge und rufe dich täglich kurz nach zwölf bei Alfredo an, hörst du. Täglich nach zwölf Uhr! Bitte sei da und informiere mich so gut es geht. Außerdem schicke ich einen Umschlag an deine Nachbarin Frau Wegner. Darin ist ein Extra-Umschlag für dich, den du bitte abholst. Er müsste übermorgen da sein. Ich habe dir darin einiges geschrieben und extra für dich etwas beigelegt. Bitte reg dich nicht so auf, alles wird gut!«

Luisa war nervlich ziemlich am Ende, das spürte er genau. Es tat ihm leid, dass er sie mit alldem belasten musste, aber es half ja nichts, da mussten sie beide nun durch.

Den ganzen Vormittag hatte er in alle Richtungen hin und her gedacht und hatte alles gegeneinander abgewogen. Nun war er zu einem Entschluss gekommen, den er gnadenlos durchziehen wollte. Zuerst musste er sein Geld wieder holen und Luisa den versprochenen Brief schicken. Das war der erste Schritt seiner Entscheidung.

Erneut fuhr er über die Grenze zu seinem Haus und schaffte es wieder, unbemerkt in das Gästezimmer zu gelangen und seinen Koffer zu holen. Es war Freitagnachmittag, sodass Cora zum Wochenende hin bereits frei hatte. Er schlich unbemerkt erst zu seinem Büro und spähte aus den Klappläden, da er wieder Stimmen von der Terrasse her vernahm. Und tatsächlich, unten stand Silvia mit einem Glas Champagner in der Hand und lachte in Richtung Wohnzimmer. Also war dieser Peter immer noch im Haus und spielte den Hausherrn. Philipp lauschte und hielt fast den Atem an, um nicht entdeckt zu werden. Plötzlich trat auch Peter auf die Terrasse und Philipp durchfuhr ein Entsetzen, das er sein Leben lang nicht vergessen würde.

Auf der Terrasse bewegte sich eine Gestalt, die aussah wie er, sprach wie er und gekleidet war wie er. Welches Spiel wurde hier eigentlich gespielt? Er bemühte sich, das Gespräch zu belauschen, aber leider gingen beide wieder zurück ins Wohnzimmer, sodass er nur wenige Wortfetzen verstehen konnte. Was soll das alles nur?, fragte er sich besorgt. Dieser Peter hatte sich offensichtlich die Haare gekürzt und grau gefärbt, damit er aussah wie Philipp Sandter und spielte hier seine Rolle. Welcher Betrug fand hier statt?
Leise wie er gekommen war, schlich er durch den Garten zurück zum kleinen Tor, an dem auch die Mülltonnen des Hauses standen. Die eine Tonne war übervoll mit Abfall, sodass der Deckel nicht richtig verschlossen war. Einige Papierfetzen ragten heraus und Philipp erkannte, dass handschriftliche Notizen darauf vermerkt waren. Das erregte seine Neugier und er nahm vorsichtig den oberen Müll mit dem Papier wieder heraus und wollte sich alles im Auto einmal genauer anschauen.
Er erkannte Silvias krakelige Schrift sowie eine ihm unbekannte Handschrift. Die Blätter waren zerrissen, sodass er in mühevoller Kleinarbeit alles wie ein Puzzle zusammensetzen musste. Als er endlich die Seiten so zusammengelegt hatte, dass er den Inhalt deutlich lesen konnte, verschlug es ihm die Sprache. Offensichtlich enthielten die Schriftstücke einige taktische Überlegungen, wie man ihn am besten beseitigen könnte, ohne entdeckt zu werden.
Eine Strategie war dick unterstrichen, mit Ausrufezeichen versehen und rot umrahmt und außerdem waren die Schritte, nach denen man vorgehen wollte, nummeriert. Der erste Schritt lautete: Hotelzimmer kündigen, offiziell

nach Deutschland abreisen, Auto mit allem Gepäck ins Parkhaus von Locarno.
Peter steckte sorgfältig die Schnipsel in seine Jackentasche und warf den restlichen Müll an der öffentlichen Müllsammelstelle in den Container.
Nun ihr Lieben, dann werde ich mal meine nächsten Schritte für euch erarbeiten, dachte er kämpferisch und voller Rachegefühle, bevor er mit seinem Zwei-Millionen-Koffer unbehelligt über die Grenze zurück in sein Hotel fuhr, um für Luisa den versprochenen Brief fertigzumachen.

Philipps Brief

»Richten Sie Herrn Sandter aus, wenn er sich wieder melden sollte, dass wir einen Haftbefehl erlassen, wenn er nicht innerhalb von zehn Tagen hier auftaucht und seine Aussage macht.«
Die Stimme des Kommissars klang sehr verärgert. Er hatte bereits schon das dritte Mal angerufen und jedes Mal musste Luisa ihm sagen, dass sie nichts von Philipp gehört hatte. Ob er ihr glaubte, wusste sie nicht und ihr fiel auch keine Ausrede mehr ein. Zum Glück hatte sie Jochen kennengelernt, der ihr einiges mehr zu der Affäre Selkman sagen konnte. Und so wie es aussah, hatte Philipp ziemlich schlechte Karten und konnte mit einer Anklage rechnen. Es lagen bereits viele Anzeigen von Kunden vor, auch von solchen, die mit Philipps Hilfe schon sehr viel Geld verdient hatten.
Sie legte den Hörer auf und schaute erwartungsvoll auf das dicke Kuvert, das ihr Frau Wegner vor wenigen Minuten ausgehändigt hatte. Vorsichtig öffnete sie den Um-

schlag und war nicht wenig erstaunt, als ihr, außer einem Brief von Philipp, ein dickes Bündel Fünfhundert-Euro-Scheine entgegenkam.
Langsam zählte sie das Geld und kam völlig erstaunt auf die Summe von zweihunderttausend Euro. Was hat das nur zu bedeuten, dachte sie und nahm Philipps Schreiben zur Hand.

Meine liebe Luisa,
die letzten Tage werden auch für dich sehr schwer gewesen sein und ich bitte dich dafür ganz herzlich um Entschuldigung. Wie konnte ich ahnen, dass die Affäre Selkmann derartige Ausmaße annimmt und auch ich davon betroffen bin.
Nach reiflicher Überlegung, und nach einigen privaten Vorkommnissen hier in Ascona, werde ich jedoch vorerst nicht mehr nach Frankfurt zurückkommen. Ich habe keine Lust, öffentlich ausgepeitscht zu werden und meine alten Tage eventuell hinter Gittern (wie z. B. Kollege Behrend) zu verbringen.
Damit du keine finanziellen Verluste in nächster Zeit hast, habe ich dir einige Tausend Euro beigelegt, die allein für dich bestimmt sind und die du sicher aufbewahren solltest. Weitere Zuwendungen wirst du zu einem späteren Zeitpunkt erhalten. Liebe Luisa, ich bitte dich von Herzen, vertraue mir und mach dir keine unnötigen Sorgen. Fühle dich in keiner Weise an mich gebunden, sondern genieße dein Leben frei und ungebunden. Du hast das ganze Leben noch vor dir und es möge ein glückliches und schönes Leben sein. Meine Gefühle für dich sind mehr väterlicher Natur, schließlich bin ich einunddreißig Jahre älter als du und könnte in Wahrheit dein Vater sein.

Bitte vernichte diesen Brief und verhalte dich gegenüber der Staatsanwaltschaft weiterhin unwissend. Ich melde mich wieder bei dir (nach zwölf Uhr am Mittwoch bei Alfredo). In Liebe Dein Philipp

Luise weinte hemmungslos, als sie den Brief gelesen hatte. Der Inhalt erschreckte sie, weil er sich fast wie ein Abschiedsbrief las und Philipp von väterlichen Gefühlen für sie sprach.

Hatte sie sich denn all die Jahre nur etwas vorgemacht und Philipp wollte eigentlich gar nichts von ihr. Schluchzend schaute sie auf das viele Geld. Wieso schenkte er ihr dann so viel Geld, wenn sie doch nur eine Mitarbeiterin für ihn war. Sie nahm das Geldbündel, steckte es zurück in den großen Umschlag und legte es in ihren kleinen Safe, den ihr Philipp in einer Schrankecke vor Einzug in die Wohnung einbauen ließ.

Dann nahm sie Philipps Brief, zündete ihn an und warf ihn in ihren offenen Kamin, bevor sie sich weinend aufs Bett warf.

Peters Abreise aus dem Hotel

»Ich muss leider noch heute wieder nach Deutschland zurück. Bitte machen Sie mir meine Rechnung fertig.«

Peter Struwe sagte dies sehr entschieden, um keine weitere Diskussion aufkommen zu lassen. Er zog dabei seine Wollmütze tiefer ins Gesicht, die sein frisch gefärbtes Haar verbarg.

»Das tut uns aber leid. Wir hoffen, Sie hatten ein paar schöne Tage hier am See und beehren uns bald wieder einmal«, erwiderte die freundliche Dame an der Rezeption

und war bereits dabei, seine Rechnung in den Computer einzutippen.
»Hatten Sie auch etwas aus der Minibar?«, fragte sie liebenswürdig und schaute Peter abwartend an.
»Nein, ich war nur wenig auf dem Zimmer. Ich habe mir viel hier angeschaut. Es ist eine herrliche Gegend«, antwortete er einschmeichelnd.
»Ja, das stimmt. Es freut mich, dass es Ihnen hier gefallen hat. Vielleicht können Sie nächstes Mal etwas länger bleiben – es gibt schon viel zu besichtigen im Tessin!«
Peter wollte sich beeilen. Je weniger er sich hier aufhielt, je weniger konnte sich die Dame an ihn erinnern. Er zahlte deshalb zügig und verließ, mit seinen Koffern beladen, das Hotel. Er ging zu seinem Fahrzeug, das um die Ecke in einer engen Gasse geparkt war und fuhr schnurstracks nach Locarno. Dort parkte er sein Fahrzeug in der Tiefgarage in Nähe der ›Piazza Grande‹, um anschließend Silvia zu treffen, die ihn bereits, wie vorher mit ihr vereinbart, auf der Piazza in einem der Straßencafés erwartete. Gespannt sah sie ihm entgegen.
»Punkt eins erledigt«, sagte er aufmunternd und küsste sie zur Begrüßung auf die Wange. Im Auto hatte er sich bereits vollständig in Philipp Sandter verwandelt. Er trug komplett seine Garderobe, ja selbst die Unterwäsche war von ihm. Aber übervorsichtig hatte er sich zuerst im Parkhaus nach eventuellen Kameras umgeschaut und dann erst der Mütze entledigt und seine Kleider gewechselt. So war nun alles, was er für diese Reise mitgenommen hatte, außer seinem Autoschlüssel und dem Portemonnaie, in dem auch sein Pass war, im Auto gelagert. Er konnte sich jederzeit in Peter Struwe zurückverwandeln, falls dies erforderlich sein sollte.

Silvia genoss es sichtlich, dass der erste Schritt in diesem Spiel gemacht war und war so guter Laune, dass sie unbedingt noch einen Einkaufsbummel mit ihm in Locarno anhängen und anschließend Mittagessen wollte.
»Ich habe übrigens Cora für die nächsten vierzehn Tage bezahlten Urlaub gegeben. Ich sagte ihr, dass wir einige Tage allein sein wollten, um unsere Ehe wieder etwas in Schwung zu bringen. Das hat sie mir, grinsend versteht sich, auch glatt geglaubt. Sie hat natürlich die Spannungen zwischen Philipp und mir längst bemerkt, so neugierig wie die ist.«
»Dann haben wir also sturmfreie Bude und können ganz ungestört unsere Spielchen fortsetzen und weitere Pläne schmieden. Das ist gut«, meinte Peter zufrieden und hielt Silvia die Tür zu einer sündhaft teuren Boutique auf, in der sie ganz bestimmt ihren stets wiederkehrenden Kaufzwang befriedigen konnte.
»Ich bin gleich wieder zurück, ich möchte mir nur schnell ein Buch besorgen«, sagte Peter plötzlich, als er gegenüber eine Buchhandlung entdeckte.
Kurz entschlossen entschwand er flugs aus dem Laden, um sich – einer Eingebung folgend – ein Sachbuch über Pflanzengifte zu kaufen, während ihm Silvia überrascht nachschaute.
Wieder zu Hause, zog er sich in eine Gartenecke zurück und vertiefte sich stundenlang in das Fachbuch, bis Silvia ihn zum Essen rief.
»Ich weiß nun, wie wir vorgehen werden«, sagte er vieldeutig und Silvia schaute ihn erwartungsvoll an.
»Aus diesem Buch hier habe ich sehr gute Informationen über Gifte und ihre Wirkung entnehmen können. Ich glaube, ich habe eine einfache, billige und unproblemati-

sche Lösung für unser Problem gefunden. Wir werden Philipp mit Nikotin vergiften.«
Silvia schaute ihn zuerst ungläubig aus großen Augen an. Dann verzog sich ihr Gesicht zu einem Grinsen und sie lachte laut auf.
»Mit Nikotin!«, prustete sie los. »Ich werd nicht mehr! Das ist aber mal eine gute Idee!«, sagte sie spöttisch und lachte verächtlich. »Ist dir nichts Besseres eingefallen? Philipp war bis vor Kurzem noch starker Raucher. Der dürfte ziemlich immun dafür sein, denke ich.«
»Man sieht, dass du keine Ahnung hast.« Peter war etwas verärgert über ihre Reaktion. »Hier, mach dir bitte die Mühe und lies selbst.«
Er reichte ihr das aufgeschlagene Fachbuch, in dem er einige Passagen unterstrichen hatte.
»Hm – offensichtlich hast du tatsächlich Recht. Entschuldige! Wie willst du es aber anstellen, dass Philipp das Nikotin zu sich nimmt?«
»Ganz einfach, du wirst ihm seinen Tee persönlich servieren, der natürlich mit Nikotin aufgefüllt und mit viel Milch verfeinert wurde. Ganz so, wie er ihn normalerweise immer trinkt. Unter Beigabe von etwas Zucker wird er erst nach dem Trinken spüren, wie mies der Tee wirklich schmeckt. Dann ist es aber schon zu spät.«
Peter verschränkte seine Armen und grinste Silvia zufrieden an. »Und weißt du auch schon, woher ich das Nikotin habe?«, fragte er mit einem überlegenen Lächeln?
»Nein, woher denn?«
»Ich habe hinten in Eurem Gewächshaus ein kleines Fläschchen mit der Aufschrift ›Nikotin‹ entdeckt und mir sofort unter den Nagel gerissen. Nikotin kann man nämlich normalerweise nicht mehr kaufen. Er ist seit einiger

Zeit verboten und wurde früher für den Pflanzenschutz verwendet.«
»Ach! Eigentlich ganz einfach«, meinte sie lächelnd. »Und dann, was geschieht dann?«
»Dann werden wir den alten Knaben in mein Auto setzen und ihn an passender Stelle mit meinem Pass und allem Gepäck verunglücken lassen. Vielleicht ein kleiner Absturz an einer steilen Stelle. Am besten mit einer kleinen Explosion, bei der das Opfer völlig verbrennt.«
Peter sagte dies mit so kaltblütigen Augen, dass Silvia erschauerte. Ihr wurde nun doch etwas flau im Magen, weil sie merkte, wie sich ihr kleines Spiel immer mehr in gnadenlose Realität verwandelte. Obwohl – wenn sie die Aussichten danach betrachtete, sich der Aufwand bestimmt für sie lohnen würde. Und wenn Peter die Sache abwickeln würde, hätte sie eine reine Weste und ihn danach vollständig in der Hand. Das waren eigentlich sehr schöne Perspektiven, mit einem prall gefüllten Konto im Hintergrund. Wenn ihr doch auch sehr unbehaglich zumute war.
»Aber wir müssen vorher noch unbedingt die Unterlagen von Philipps Konten finden und du musst noch seine Unterschrift üben. Die Zeit eilt, mein Lieber. Philipp wollte in vier Tagen wieder zurück sein.«

Philipp will sein Haus verschenken

Es war ein herrlicher Tag. Von Norden blies der Wind alle Wolken nach Richtung Süden hinweg und es zeigte sich ein wolkenloser, strahlend blauer Himmel. Es ist geradezu wie am Meer, dachte Philipp, als er die hohen Wellen auf dem See von seinem Hotelzimmer aus beobachtete. Der Wind war angenehm warm und die Sonne brannte auf seiner Haut, sodass er sich zum Mittagessen in eine windgeschützte Ecke im Freien mit Schatten spendender Markise, niederließ.

Heute wollte er den ganzen Tag im Hotel verbringen. Er hatte wichtige Überlegungen anzustellen, die über sein zukünftiges Schicksal entscheiden würden. Und strategisches Denken war nun einmal seine Spezialität, die ihm in all den zurückliegenden Jahren ein Vermögen eingebracht hatte.

Doch zuerst einmal studierte er in aller Ruhe einige deutsche Tageszeitungen, stets auf der Suche nach einer Meldung über Selkmann. Und tatsächlich fand er im Wirtschaftsteil einiges, was ihn noch mehr beunruhigte. Es wurden nur wenige Namen genannt, aber er als Insider wusste natürlich genau, wer gemeint war.

Einige Spekulationen betrafen eindeutig ihn, und er konnte dem Text entnehmen, dass mit seiner Verhaftung und einer Anklage zu rechnen sei.

Offenbar hatte ihn Lothar Best schwer beschuldigt, um von seinen eigenen Winkelzügen abzulenken. Er konnte sich ausmalen, dass ihm nur noch wenig Zeit blieb, seine Dinge zu regeln.

»Hallo, hier ist Philipp«, meldete er sich wie immer bei Alfredo zur vereinbarten Uhrzeit, um mit Luisa zu sprechen.

»Hör mir jetzt mal ganz genau zu«, sagte er entschieden. »Du musst so schnell wie möglich unbemerkt zu mir kommen. Ich habe mit meinem Notar einen Termin vereinbart. Ich will das Haus hier in Ascona auf dich übertragen. Es eilt. Wir werden den Vertrag zurückdatieren. Du siehst, auch in der seriösen Schweiz ist so etwas mit einem stattlichen Extrahonorar möglich.«

Philipp überging den jammernden Ton am anderen Ende der Leitung. Er gab unmissverständlich die Anweisung, dass Luisa morgen einen Flug nach Lugano nehmen sollte. Er würde sie am Flughafen abholen und sofort danach den Termin mit ihr wahrnehmen. Kurz danach könnte sie gleich wieder zurückfliegen. Das ganze Procedere würde nicht mal einen Tag in Anspruch nehmen. Danach rief er Silvia an und teilte ihr mit, dass er erst in acht Tagen zurückkommen könne. Er brauchte einfach etwas mehr Zeit, um seine Angelegenheiten zu regeln. Zufrieden mit sich und seinen Plänen genehmigte er sich nun einen Rotwein und genoss das schöne Wetter mit der herrlichen Aussicht auf See und Berge. Aber nicht ohne darüber nachzugrübeln, was Silvia für Bosheiten im Schilde führte. Diese Gedanken ließen ihn einfach nicht mehr los.

Wo sind die Bankunterlagen?

So sehr sie auch suchten, sie fanden keine handschriftlichen Aufzeichnungen oder Notizen von Philipp.
Aber immerhin konnte Silvia Philipps Unterschrift von der Anmeldung bei der Gemeinde finden. Sofort nahm sich Peter einen Stapel Papier und übte Philipps Unterschrift, die im Wesentlichen nur aus einem großen S mit einem zickzackförmigen Strich bestand, was eigentlich nicht allzu schwer nachzumachen war.
Aber wo waren nur all seine Bankunterlagen und sonstigen wichtigen Dokumente?
Beide durchsuchten sämtliche Schubladen im gesamten Büro sowie Philipps Schlafzimmer.

»Wie ich Philipp kenne, hat der alles auf seinem Laptop abgespeichert. Das sieht ihm ähnlich. Vielleicht auch in Deutschland in seinem Büro, wer weiß.« Silvia hob bedauernd die Schultern.
»Hast du kein Haushaltskonto, von dem du die monatlichen Unkosten abheben kannst. Für die laufenden Kosten, das Hausmädchen und so weiter?«
»Natürlich habe ich das. Ich erhalte jeden Monat eine Dauerüberweisung auf mein Konto.«
»Und welche Bank ist das?«
Silvia nannte ihre Bank und ahnte sofort, weshalb Peter gefragt hatte.
»Ach du meinst, dass das auch Philipps Bank ist?«
»Ist doch naheliegend, oder?«
»Eigentlich schon. Aber was nützt uns das?«, wollte Silvia wissen.
Peter war einen Moment still und man sah ihm an, wie angestrengt er nachdachte.
»Nehmen wir mal an, dass es sich um die gleiche Bank handelt. Dann wird uns schon was einfallen, wie wir an die Daten kommen. Und spätestens nach der erfolgreichen, na, sagen wir mal, Umsetzung unseres Planes werden wir ja wohl alle nötigen Unterlagen in Händen haben, oder zumindest wissen, wo sie sind.«
Peter schaute Silvia ziemlich optimistisch an und fügte hinzu: »Wie müssen strategisch vorgehen. Einen Schritt nach dem anderen. Und jeder Schritt muss sitzen. Wir dürfen keinen Fehler machen. Und Schritt zwei lautet: Das Eintreffen deines Mannes muss genauestens vorher geplant sein. Ich stelle mir vor, dass du ihm nach dem Begrüßen, dem Auspacken und so weiter erst einmal eine gute Tasse Tee anbietest. Zum Glück für uns seid ihr ja

beide Teetrinker und das Mädchen hat Urlaub. Das erleichtert unsere Sache ungemein.«

Peter grinste Silvia nur ganz unverschämt und vieldeutig an, dass auch sie sich ein Lächeln nicht verkneifen konnte, obwohl ihr vor Aufregung schon ganz schlecht war.

Wie cool und überlegt Peter seinen Plan präsentierte, machte ihr nun doch etwas Angst. Man könnte fast meinen, dass er so etwas schon öfter gemacht hatte. Deshalb konnte sie ihre Frage nicht zurückhalten.

»Es sieht fast so aus, dass du eine gewisse Routine in solchen Sachen hast. Woher nimmst du nur deine Gelassenheit?«

»Was glaubst du denn, wie oft ich in meinem Leben schon ähnliche Rollen auf der Bühne gespielt habe«, sagte er überheblich.

Er musste absolute Selbstsicherheit ausstrahlen und durfte bei Silvia auf keinen Fall den Eindruck erwecken, dass mit seinem Plan irgendetwas nicht klappen könnte. Sie musste sich völlig sicher fühlen, obwohl sie nicht ahnen konnte, welche weitergehenden Phantasien in seinem Kopf bereits Gestalt annahmen. »Das Fläschchen mit dem Nikotin, das ich im Gewächshaus gefunden habe und das wahrscheinlich bisher für Schädlinge benutzt wurde, wer weiß wie alt der Inhalt schon ist. Vielleicht ist es überhaupt nicht mehr wirksam. Ich bin heilfroh, dass dein Mann erst einige Tage später kommt. So haben wir noch etwas mehr Zeit für unsere Pläne.«

Peter nahm, wie immer in den letzten Tagen, Silvias Cabriolet und fuhr nach Locarno, um Zeitungen zu kaufen. In Ascona wollte er sich vorerst einmal nicht blicken lassen. Man musste ja nicht unbedingt schlafende Hunde wecken. Es wäre zu blöde, wenn er als Hotelgast von irgendjemand wiedererkannt würde. Dieses Risiko wollte er auf keinen Fall eingehen. Außerdem könnte er bei dieser Gelegenheit seinen Wagen in ein anderes Parkhaus umparken. Man weiß ja nie, dachte er. Vorsicht ist die Mutter der Porzellankiste!

Luisa kommt nach Lugano

Philipp entdeckte Luisa sofort, die mit ihrem hellen Lockenkopf auf dem Flughafen von Lugano stand und ihm von weitem zuwinkte. Sie hatte nur einen kleinen Koffer bei sich, den er eilig auf dem hinteren Sitz verstaute, da er einen Parkplatz blockierte und der Fahrer des wartenden Fahrzeuges bereits aufgeregt winkte, weil er aus seiner Parklücke herausfahren wollte.
So war für Luisa nur ein flüchtiger Kuss möglich und schon fuhren sie durch den dichten Berufsverkehr von Lugano in Richtung Autobahn, um den Notartermin in Locarno pünktlich wahrzunehmen.
»Du hast mir nur wenig erzählt. Was soll das denn alles bedeuten. Notartermin, Hausschenkung et cetera?«, fragte Luisa und schaute ihn abwartend von der Seite her an.
»Ich habe sehr viel nachgedacht in den letzten Tagen. Die ganze Angelegenheit mit Selkmann ist mir einfach zu heiß. Ich muss mein Haus, mein Kapital und alles Weitere sichern, das heißt, ich muss es vor eventuellen Zugriffen der Staatsanwaltschaft retten. Deshalb habe ich mich entschlossen, zumindest dieses Haus hier in Ascona, auf dich zu übertragen. Den Notar kenne ich sehr gut von früheren Verträgen. Er datiert – für ein Extra-Honorar versteht sich – den Vertrag um vier Wochen zurück, sodass er nicht angreifbar ist. Das Haus gehört dann offiziell dir. Nach mei-

nem Tod kannst du dann damit machen, was du willst.«
»Nach meinem Tod!«, empörte sich Luisa. »Was soll das denn bedeuten. Du machst mir Angst, Philipp.«
Philipp tätschelte ihre Hand beschwichtigend.
»Das sind doch nur Vorsichtsmaßnahmen, versteh das doch. Ich möchte nur nicht plötzlich mittellos dastehen. Das ist alles. Du weißt doch, wie scharf die Behörden mittlerweile hinter jedem Euro her sind. Und ich habe nicht vor, mein sauer verdientes Geld denen vor die Füße zu werfen. Und du bist die Einzige, der ich total vertraue, das weißt du doch, oder?«
Er vernahm einen tiefen Seufzer von der Beifahrerseite und streichelte kurz ihren Arm. Leider war der Verkehr um diese Zeit so dicht, dass er voll konzentriert fahren musste, um keinen Auffahrunfall zu riskieren.
»Die Sache ist ganz unkompliziert. Du musst quasi nur den Vertrag unterschreiben und besitzt ein Haus von mindestens drei Millionen Franken. Da kann man doch nicht Nein sagen, oder?«, lächelte er ihr zu.
Auch Luisa konnte sich nun ein Lächeln nicht verkneifen.
»Und was ist mit deiner Maisonettewohnung. Meinst du, dass die zu retten ist?«
»Nun, das muss ich leider riskieren. Meine deutschen Konten und die Wohnung sind natürlich in Gefahr. Das ist nicht zu ändern. Aber vielleicht komme ich ja auch mit einem blauen Auge aus der Sache raus. Wir werden sehen.«
Sie hatten mittlerweile Locarno erreicht und kamen gerade rechtzeitig zum vereinbarten Termin beim Notar an. Anschließend fuhr Philipp mit Luisa sofort nach Bellinzona, wo sie den nächsten Zug nach Lugano nehmen sollte.

So konnte man ziemlich sicher sein, dass keiner sie zwischenzeitlich in Frankfurt vermisst hatte.
»Wann kommst du denn nun endlich nach Frankfurt?«, wollte Luisa wissen. »Die Polizei ist sehr ungeduldig und wenn du nicht bald da bist, werden sie dich mit Haftbefehl suchen, da bin ich ganz sicher.«
»Sag ihnen, dass ich mich heute bei dir gemeldet habe und in zirka fünf Tagen wieder in Frankfurt bin. Ich sei in den USA mit einem Wohnmobil unterwegs.« Das schien ihm eine einleuchtende Erklärung für die Polizei.
Auf der Fahrt zum Bahnhof fand Luisa endlich den Mut und die Gelegenheit, mit Philipp über den Brief und das Geld zu sprechen, das er an ihre Nachbarin geschickt hatte.
Auch von ihrer Bekanntschaft mit Jochen Steffens erzählte sie ihm.
»Luisa, nun hör mir mal ganz genau zu. Ich möchte, dass du keinerlei Einbußen durch die Selkmann-Affäre hast. Deshalb das Geld. Weiter möchte ich, dass du dich von mir gefühlsmäßig völlig frei machst. Ich habe viel über uns nachgedacht. Es geht nicht mit uns, Luisa, glaube mir. Ich bin viel zu alt für dich und möchte nur, dass du mein bester Freund bist und bleibst. Ich hege für dich nur väterliche Gefühle und vertraue dir total. Meinen Beweis dafür hast du ja heute mit der Schenkung erhalten.«
»O Philipp«, stöhnte Luisa auf. Wie soll das nur alles weitergehen.«
»Alles wird gut. Du wirst schon sehen. Und was du mir von diesem Jochen erzählt hast, scheint das doch ein recht vernünftiger junger Mann zu sein. An den solltest du dich halten. Der passt mehr zu deinem Alter und tut dir bestimmt gut.«

Da Luisa leicht errötete, war er sicher, ins Schwarze getroffen zu haben, und freute sich für sie. Weiter wollte er Luisa nichts von seinen Plänen erzählen. Erst einmal musste sein Vermögen in Sicherheit gebracht werden und dann wollte er Silvia noch eins auswischen. Keinen Pfennig sollte sie von ihm nach der Scheidung erhalten, das hatte er sich fest vorgenommen. Wenn das, was auf den Schnipseln, die er aus der Mülltonne gezogen hatte, Silvias Pläne waren, dann wollte er ihr und ihrem Lover die Suppe gründlich versalzen. So viel kriminelle Energie hatte er ihr tatsächlich nicht zugetraut. Wie man sich doch täuschen kann. Und was die Geldgier doch alles aus einem Menschen machen kann. Aber halt, war nicht auch er immer der Spur des Geldes gefolgt. Die Quittung bekam er nun in Form der staatsanwaltlichen Ermittlungen gegen ihn. Ganz innen drin musste er sich eingestehen, dass er von Anfang an ein ungutes Gefühl bei Selkmann hatte, aber die Dollarzeichen in den Augen der Geschäftspartner hatten auch ihn geblendet. Philipp, du bist auch nicht viel besser, dachte er und winkte Luisa lange nach, als sie Richtung Flugplatz Lugano mit dem Zug davonfuhr. Dann fuhr er zu seiner Villa nach Ascona zurück, um heimlich die Lage zu checken. Er wollte doch mal nachschauen, was es da Neues zu entdecken gab, denn in drei Tagen wollte er ja offiziell wieder aus Frankfurt zurück sein. Das große Tor war verschlossen und Silvias Auto stand auch nicht in der Einfahrt. Also ist niemand da, dachte er erleichtert und schlich sich trotzdem vorsichtig von der Seite in sein Büro.
Was er hier vorfand, ernüchterte ihn sofort, denn alle Schränke standen offen und viele Aktenordner lagen verstreut auf dem Boden. Aha, die Herrschaften haben was

gesucht, aber nicht gefunden, triumphierte er. Denn alle wichtigen Unterlagen standen auf seinem Laptop und den hatte er natürlich immer bei sich. Die Akten, die sich hier befanden, waren alle harmlos und für keinerlei Transaktionen zu gebrauchen.
Er ließ alles unberührt und schaute sich verstohlen in den weiteren Räumen um. Sein Bett war unberührt, dafür war Silvias Bett für zwei Personen hergerichtet, was ihn nicht weiter verwunderte und einige seiner Kleidungsstücke hingen achtlos über einem Stuhl. Also ist der mysteriöse Herr Peter noch anwesend und Cora hatten sie offensichtlich frei gegeben, denn in der Küche war ein heilloses Durcheinander. Nach allem Anschein fanden hier auch merkwürdige Experimente statt, denn einige Zigarren lagen zum Teil feinkrümelig auf einem Teller und waren erkennbar mit dem daneben liegenden Stößel zerkleinert worden. Spontan kam ihm die Idee, dass die Krümel wie Tee aussahen. Hoppla, dachte er, das hat doch gewiss einen ganz bestimmten Grund. Da muss ich heute unbedingt im Internet recherchieren, was man mit Zigarren alles anstellen kann.
Er ging zurück zu seinem Büro und schaute in seinem Wandsafe nach, ob hier noch alles an seinem Platz war. Unberührt lagen hier seine Wertpapiere und einige persönlichen Dokumente, die für ihn zurzeit nicht besonders wichtig waren. Die Wertpapiere entnahm er jedoch zur Sicherheit und verdeckte den Safe wieder mit dem Gemälde, sodass alles genau wie vorher aussah.
Plötzlich entdeckte er auf dem Bücherregal einen Autoschlüssel mit Parkschein. Das musste der Wagenschlüssel von diesem Peter sein und der Parkschein zeigte ihm, dass das Auto im Parkhaus von Locarno schon einige Tage ab-

gestellt war. Er musste sein Bedürfnis unterdrücken, den Schlüssel und den Parkschein einzustecken. Aber das würde mit Sicherheit auffallen. Mit einem unguten Gefühl verließ er ungesehen leise das Grundstück und fuhr nach Locarno. Vielleicht konnte er ja das Fahrzeug im Parkhaus entdecken und von außen etwas genauer inspizieren. Information ist alles, sagte er sich und lenkte sein Auto langsam durch die enge Schranke des Parkhauses, um nach dem Bochumer Kennzeichen Ausschau zu halten. Und tatsächlich stand er kurz darauf vor dem grünen Fahrzeug und lenkte seinen Wagen in die nächste freie Parklücke. Langsam umkreiste er den Wagen und schaute durch die Scheiben ins Innere. Das Auto war total leer. Vermutlich hatte der Fahrer sein Gepäck und alle sonstigen Erkennungszeichen in den Kofferraum gelegt, den er leider nicht einsehen konnte. Verstohlen drückte er auf alle Türklinken. Natürlich waren alle verschlossen. Es wäre ja auch zu schön gewesen, wenn eine Tür zu öffnen gewesen wäre. Einer Eingebung folgend, notierte er sich noch die Autonummer, bevor er nachdenklich das Parkhaus in Richtung Hotel verließ.

Locarno Piazza Grande

Philipp wird erwartet

Die Nervosität befiel nun auch Peter, der genau wie Silvia aufgeregt durchs Haus lief, um nach irgendwelchen Spuren seiner Anwesenheit zu suchen. In wenigen Stunden würde Philipp hier eintreffen und es durfte nichts mehr auf seinen Besuch hinweisen. Sorgfältig verstaute er alle Kleidungsstücke von Philipp im Schrank und überprüfte auch im Bad jede eventuell verräterische Stelle. Er selbst war bereits von Kopf bis Fuß mit Philipps Kleidungsstücken eingekleidet und Silvia hatte ihm noch einige teure Stücke von Philipp sowie Bad-Utensilien ins Gästehaus gebracht. Dort wollte er sich vorerst einmal verstecken, bis hoffentlich alles vorbei war. Sein Magen rebellierte erneut, schließlich war auch für ihn dieses Abenteuer nicht alltäglich und es stand viel auf dem Spiel für sie beide.
»Geh du schon mal rüber und schließe dich ein. Das Gästehaus wurde noch nie von uns benutzt, du brauchst also keine Angst zu haben, dass jemand rüber kommt. Und wenn alles nach Plan läuft, kannst du schon bald wieder zu mir kommen. Wie besprochen, werde ich das Plakat mit dem Victoryzeichen ins Fenster halten, wenn alles vorbei ist. Aber jetzt muss ich mich unbedingt für Philipp schön machen, du willst doch, dass ich ihn umgarne. Ob das allerdings gelingt, ist fraglich.«
Peter küsste sie noch einmal und verschwand geräuschlos im Gästehaus. Die kleine Kochnische dort hatten sie bereits aufgefüllt, sodass er gut einige Tage hier verbringen könnte, falls es doch etwas länger als geplant dauern würde.
Silvia atmete schwer, sie war kaum in der Lage richtig durchzuatmen und Schweiß stand auf ihrer Stirn. Ihre Nervosität ließ sich einfach nicht abschütteln.

Den Tisch hatte sie vorsorglich schon für beide gedeckt und zwei Teetassen standen bereit. Sie zündete noch zwei lange Kerzen an, die in kostbaren Silberständer standen, um eine noch gemütlichere Atmosphäre zu verbreiten.
Es sollte alles so aussehen, dass sie sich darüber freute, dass Philipp wieder zu Hause war. Sie hatte einen kleinen Imbiss vorbereitet und wollte dazu seinen geliebten Darjeeling-Tee servieren, den er sich immer aus Bremen schicken ließ.
Natürlich verfeinert mit einem kräftigen Schuss von dem Nikotin-Gebräu, das sie noch mit einem selbst gemixten Zigarrensud verstärkt hatten. Man konnte ja nicht wissen, ob die Wirkung des Nikotingiftes aus dem Gewächshaus noch wirksam war.
Sicherheitshalber goss sie auch in den ›Fernet-Branca‹ einen kräftigen Schuss des tödlichen Suds, denn es war immerhin möglich, dass er zuerst von diesem Magenbitter etwas trinken wollte. Das war so eine alte Angewohnheit von ihm, bei der es sie immer schüttelte, wenn sie an den bitteren Geschmack dachte. Aber gerade für ihr Vorhaben war dies das ideale Getränk.
Silvia erschrak und fasste sich ans Herz, als sie Philipps Wagen in die Auffahrt kommen sah. Unglaublich diese Ähnlichkeit, dachte sie, als sie langsam lächelnd auf ihn zuschritt, um ihn zu begrüßen.
»Schön, dass du wieder da bist. Hattest du eine angenehme Reise?«
»Danke der Nachfrage, viel Verkehr, wie immer«, meinte er relativ knapp und ging mit seinem Koffer an ihr vorbei ins Haus.
»Ich habe uns eine Kleinigkeit zu essen gemacht, du hast sicher Hunger.«

»Nanu, du hast Essen gemacht, ist Cora denn nicht da?« Philipp hob erstaunt die Augenbrauen und schaute Silvia eindringlich an. »Warte noch etwas, ich muss erst ein paar wichtige Dinge im Büro erledigen. Bin gleich wieder da.« Wachsam ging er mit prüfendem Blick zu seinem Büro. Er konnte keine Spur ihres ominösen Besuches entdecken. Nichts deutete mehr auf Peter hin. Auch sein Büro sah aus, wie er es verlassen hatte. Alles lag wie vorher auf seinem Platz. Wenn er nicht mit eigenen Augen zwischenzeitlich herumspioniert hätte, nie im Traum wäre ihm hier etwas aufgefallen. Ich muss höllisch aufpassen, um zu erkennen, was hier gespielt wird, dachte er hellwach, bevor er wieder zurück zu Silvia ging, die belegte Toastbrote bereitgestellt und bereits den Tee in die Tassen eingegossen hatte.
»Hättest du bitte noch etwas Butter«, meinte Philipp, um Freundlichkeit bemüht, nachdem er sich suchend auf dem Tisch umgesehen hatte.
»Aber gern«, sagte Silvia, ebenfalls zuvorkommend und eilte in die Küche.
Diese kurze Zeitspanne nutzte Philipp, um sicherheitshalber die Teetassen auszutauschen, und machte gleich darauf ein ganz unschuldiges Gesicht.
Sein Misstrauen war groß und er spürte genau, wie gespannt Silvia ihn beobachtete. Er nahm einen großen Schluck seines Tees und schaute sie gewollt erstaunt an.
»Schmeckt dein Tee auch so komisch«, fragte er bewusst harmlos, sodass sie willig ebenfalls einen ordentlichen Schluck aus ihrer Tasse nahm, um ihm jeglichen Argwohn zu nehmen. Gleich darauf schaute sie ihn völlig entsetzt mit weit aufgerissenen Augen an. »Philipp, du hast…« Sie griff sich an den Hals. »Luft, ich kriege keine Luft.«

Sie wurde plötzlich ganz blass, ihre Lippen verfärbten sich bläulich und kalter Schweiß rann ihr die Stirn hinunter. Dabei zuckte sie heftig mit ihren Armen und Beinen. Sie kippte vom Stuhl und schlug mit einem krachenden Geräusch heftig auf dem Fliesenboden auf.
Philipp stand nun doch sehr erschrocken neben ihr und das ganze Ausmaß dessen, was gerade in diesem Moment vor seinen Augen geschah, wurde ihm erst ganz langsam bewusst. Dass Silvia etwas im Schilde führte, war ihm irgendwie vorher schon klar. Aber Theorie und Praxis waren doch zweierlei Dinge, das wurde ihm nun sehr deutlich vor Augen geführt.
Völlig beunruhigt beugte er sich zu Silvia hinunter und versuchte sie aufzurichten. Vorher fühlte er ihren Puls, der nur noch unregelmäßig zu spüren war. Verkrampft und röchelnd lag sie auf den kalten Fliesen und Peter hob sie vorsichtig auf und trug sie hinüber in ihr Schlafzimmer. Er legte sie behutsam aufs Bett, musste aber zuvor ein großes Poster wegnehmen, das nur eine Hand zeigte, die das Victoryzeichen machte. Schnell rannte er in die Küche und holte ein Glas Wasser. Er klopfte ihr heftig auf die Wangen und rief aufgeregt ihren Namen; konnte jedoch nur noch ein ganz schwaches Pochen ihres Herzens verspüren. Silvia war offensichtlich bewusstlos. Sie zeigte keinerlei Regung mehr.
Schnell lief er zur ›Fernet-Branca‹ Flasche und füllte ein kleines Glas voll, um es ihr an den geöffneten Mund zu halten. Da sie immer noch nicht reagierte, ließ er langsam etwas von dem Alkohol in ihren Mund fließen. Aber nichts! Keinerlei Reaktion.
Er bemerkte noch eine Weile kleine Zuckungen ihres Körpers, die immer weniger wurden und plötzlich ganz vorbei

waren. Silvia lag blass und regungslos auf ihrem Bett und war tot.
Philipps Körper reagierte in dieser Stresssituation mit einem extremen Adrenalinanstieg. Sein Puls raste nur so und die Folge war ein gewaltiger Schweißausbruch, sodass er urplötzlich klatschnass dastand und ihm dicke Tropfen von der Stirn rannen.
Sterbenselend setzte er sich neben Silvia aufs Bett und stützte seinen Kopf in beide Hände. Es war wohl tatsächlich alles so, wie er vermutet hatte. Silvia wollte ihn umbringen und dieser Peter saß wahrscheinlich irgendwo am Startloch und wartete darauf, dass Silvia ihm grünes Licht erteilen und er seinen Platz einnehmen konnte. Aber so wie es aussah, hatte er sie mit ihren eigenen Waffen geschlagen. Wie du mir, so ich dir, dachte er fast zynisch und überlegte krampfhaft, wie es nun weitergehen sollte.
Wie in Trance ging er zurück ins Esszimmer und schaute lange auf die vergiftete Teetasse, roch an ihr und nahm den bitteren Geruch wahr. Dann ging er in die Küche und suchte gezielt alles ab. Plötzlich sah er das kleine Nikotinfläschchen, das er im Gewächshaus schon einmal gesehen hatte, was ihn doch sehr verwunderte. Sollte das etwa die tödliche Waffe gegen ihn gewesen sein? Aus purer Neugier machte er sich heißes Wasser und übergoss einen großen Löffel voll Teeblätter in eine kleine Kanne und fügte etwas von der Tinktur bei. Angewidert schaute er sinnend auf die dunkle Brühe, die eigentlich ganz unverfänglich aussah, aber einen bitteren Geruch verströmte. Das war wohl die Todesursache. Nikotin, wie er unschwer riechen konnte.
Ganz ruhig, mein Lieber, du musst jetzt einen klaren Kopf behalten, beruhigte er sich selbst. Wo war nur dieser

Peter? Wenn er jetzt hier tot liegen würde, was wäre dann. Dann würde Peter bestimmt sofort nach Silvias Signal hier auftauchen.
Plötzlich schlug er sich mit der Hand auf den Kopf. Natürlich, jetzt konnte er sich denken, was zu tun war!

Peter wartet auf ein Zeichen

Die Luft in dem kleinen Gästehaus war stickig, aber Peter wagte es nicht, ein Fenster zu öffnen. Abwartend saß er unruhig auf dem kleinen Sessel am Fenster und schaute angestrengt auf Silvias Schlafzimmerfenster, das er von hier aus sehr gut sehen konnte. Immer wieder schaute er auf die Uhr. Warum dauerte es nur so lange? Ob irgendetwas dazwischenkam? Fast war er geneigt, sich vom Garten aus anzuschleichen, aber er verwarf dann doch diese Idee schnell wieder. Vielleicht wollte Philipp ja keinen Tee und Silvia musste bis zum morgigen Frühstück warten. Wer weiß, beruhigte er sich selbst. Es wurde schon ziemlich dunkel, aber Licht brannte noch nicht in ihrem Zimmer. Dann hätte er besser wenigstens die Umrisse enträtseln können. Also hielten sie sich wohl noch im Wohnzimmer auf. Nervös spielte er mit seinem Autoschlüssel, der auf dem kleinen Tischchen neben dem Fenster lag und nahm einen kräftigen Schluck aus der Rotweinflasche, die er fast schon leer getrunken hatte.
Da! Da bewegt sich doch etwas. Er sah, dass sich an Silvias Fenster der Vorhang leicht zur Seite schob und plötzlich das vereinbarte Poster mit dem Victoryzeichen erschien. Erleichtert atmete er tief durch. Warum macht sie denn den Vorhang nicht ganz zurück, die blöde Gans, dachte er und war dennoch beruhigt, dass sie ihren Auf-

trag offensichtlich erledigt hatte. Jetzt konnten sie zur Vollendung ihres Planes schreiten und in ein paar Monaten vielleicht konnte er sich auch von Silvia befreien. Er hatte sich da auch schon eine kleine Strategie ausgedacht, aber das hatte noch etwas Zeit. Erst musste er ans große Geld kommen und das schöne Haus hier wollte er auf keinen Fall verlieren.
Er packte schnell die Autopapiere, den Autoschlüssel und den Parkschein ein und verließ, ohne Licht zu machen, das kleine Nebengebäude. Besonders jetzt musste er noch sehr vorsichtig sein. Zuerst musste Philipps Leiche beseitigt werden, bevor er sich ungestört auf dem Gelände bewegen konnte. Wie eine Katze schlich er sich leise aus dem Gästehaus, um den nächsten Schritt zu tun.

Die Polizei rückt an

Die Sirenen der Polizeifahrzeuge machten einen Höllenlärm, als sie zum Monte Veritá hinauffuhren. Ein Polizist, der einen anonymen Anruf erhalten hatte, befand sich bereits am Ort des Geschehens und hatte die Kriminalpolizei über die Ereignisse in der Villa Sandter informiert. Die rückte dann in großer Besetzung lautstark an, sodass bereits einige Nachbarn neugierig am Tor der Villa herumstanden.
Die Kripo fuhr mit lautem Sirenengeheul in die Einfahrt der Villa und das Kripoteam betrat kurz darauf das Gebäude, um sich ein Bild von dem Geschehenen zu machen. Der bereits anwesende Beamte berichtete präzise, was er bereits alles wusste.
»Wir wurden auf der Wache von einem Mann anonym angerufen. Er sagte mit ausländischem Akzent, vermutlich

aus dem Ostblock, dass er hier vorbei spaziert sei und lautes Gezänk aus der Villa gehört habe. Er sei stehen geblieben, aber nach kurzer Zeit wäre es ganz still gewesen. Aber trotzdem wäre ihm alles ganz merkwürdig vorgekommen. Er vermute einen Einbruch und wollte uns deshalb sicherheitshalber informieren.«

»Warum hat denn der Anrufer seinen Namen nicht genannt?«

»Er hat einfach aufgelegt. Tut mir leid.«

Der Polizeibeamte hob bedauernd die Schultern. »Ich bin dann mit einem Kollegen sofort hier hoch gefahren. Das Tor stand auf und ich habe geklingelt. Als keiner aufgemacht hat, sind wir ums Haus auf die Terrasse gegangen und haben von hier aus ins Wohnzimmer geschaut. Hier sahen wir dann einen Mann auf dem Boden liegen, offensichtlich tot. Wir haben daraufhin die Terrassentür aufgebrochen und sind ins Haus eingedrungen. Hier fanden wir dann den Hausbesitzer Herrn Sandter tot vor und weiter seine Ehefrau, die in ihrem Schlafzimmer lag. Ebenfalls tot. Dieser Brief lag auf dem Esstisch. Es scheint ein Abschiedsbrief des toten Herrn Sandter zu sein.«

Den Brief, der mit dem Aufdruck von Philipp Sandters Adresse in Ascona versehen war, übergab er mit seiner behandschuhten Hand dem Kommissar.

»Das sieht ja offensichtlich alles nach Selbstmord aus«, meinte dieser und fing an, das Schriftstück zu lesen.

Im Besitz meiner vollen geistigen Kräfte habe ich mich entschlossen, meinem Leben, und dem meiner Ehefrau ein Ende zu setzen. Ich habe zuerst meine Frau und anschließend mich selbst mit Nikotin vergiftet. Der Grund für meinen Entschluss liegt in den Ermittlungen der

Staatsanwaltschaft Frankfurt gegen mich. Mir wird vorgeworfen, wissentlich Anleger bei der Einführung der Selkmann-Aktien betrogen zu haben. Ich räume meine Schuld hiermit zum Teil ein. Aber ich habe keine Lust, meinen Lebensabend hinter Gittern zu verbringen. Hinzu kommt, dass ich schon seit Längerem des Lebens überdrüssig bin. Meine Frau wollte diesen Schritt mit mir gehen. So habe ich zuerst ihr einen Tee mit Nikotin zubereitet und diesen anschließend selbst getrunken.
Mein gesamtes Vermögen soll Frau Luisa Petersen zukommen, die von all dem nichts weiß und auch in Sachen Selkmann keine Informationen besaß.
Diese Villa gehört ihr bereits, ich habe sie ihr vor vielen Wochen überschrieben. Mein Testament habe ich in meinem Schreibtisch in der obersten Schublade liegen und bitte darum, alle darin gemachten Angaben genauestens auszuführen.
Philipp Sandter
Ascona, den 2. November 2008

Der Brief trug Philipps Unterschrift und nach den ersten Eindrücken war der Kripo relativ klar, dass es sich hier um Selbstmord handelte. Aber natürlich mussten die forensischen Untersuchungen noch stattfinden. Die Spurensicherung war bereits eifrig bemüht, auf eventuell verdächtig erscheinende Einzelheiten zu achten, und der ebenfalls herbeigeeilte Rechtsmediziner untersuchte eingehend die beiden Leichen.
»Seht ihr, Geld allein macht auch nicht glücklich«, verdeutlichte der Kripobeamte und schaute sich kopfnickend in der luxuriösen Villa um. »Und, was meint unser lieber Doktor, war es Selbstmord?«

»Es sieht auf jeden Fall ganz danach aus. Ich kann keinerlei Gewalteinwirkung feststellen. Ich muss mir aber beide Leichen im Institut noch etwas genauer ansehen. Mein Ergebnis bekommt ihr morgen.«

Die Untersuchungen zogen sich noch einige Stunden in die Länge. Die Villa und das gesamte Terrain wurden gewissenhaft untersucht und alles peinlich genau festgehalten.

Selbst die beiden Fahrzeuge von Philipp und Silvia wurden intensivst inspiziert und von den erschütterten Nachbarn konnte keiner irgendwelche erleuchtenden Erkenntnisse beisteuern.

Es war für die Polizei offensichtlich, dass das Ehepaar Sandter sehr zurückgezogen gelebt hatte und die Nachbarn Herrn Sandter so gut wie überhaupt nicht zu Gesicht bekamen.

Cora wurde ausfindig gemacht und in die Pathologie bestellt, um das Ehepaar zu identifizieren.

Da offensichtlich keine Fremdeinwirkung festgestellt werden konnte und die Polizei sich umgehend mit den deutschen Behörden kurzgeschlossen hatte, wurde der Fall schon bald als abgeschlossen zu den Akten gelegt. Es war für die Kripo offensichtlich, dass die zu erwartende Anklage in Deutschland, deren Resultat sicher mit dem Verlust des Ansehens und des Vermögens von Philipp Sandter geendet hätte, Grund genug für ihn war, diese wohl verzweifelte Tat auszuführen. Die zugleich auch als ein Eingeständnis seiner Schuld gewertet wurde.

Ob er allerdings das Einverständnis seiner Frau für die Tat hatte, konnte leider nicht mehr geklärt werden.

Ellen – Frühjahr 2009

Wehmütig schob Ellen Ritter die große Schiebetür zum Garten zu. Nur noch wenige Tage und sie würde diese Terrassentür ein letztes Mal schließen. Die neuen Besitzer bedrängten sie nun schon seit Wochen, ihr Haus zu verlassen, da ihnen selbst die neuen Mieter auf den Fersen saßen.

Ellen seufzte tief und konnte nicht verhindern, dass ihr erneut Tränen die Wangen hinunterliefen. Es war alles so hoffnungslos, so grausam und sie konnte der Zukunft nur mit ängstlichen Gefühlen entgegenblicken.

Langsam ging sie in ihre, einst mit viel Liebe eingerichtete Küche, für die Berti und sie viele Jahre gespart hatten, und goss sich noch eine Tasse Kaffee ein. Fast zärtlich glitten ihre Finger über die spiegelglatte Oberfläche der modernen Küchenfront, berührten das sauber glänzende Ceran-Kochfeld und blieben regungslos auf der großen Granitplatte liegen. Wieder verspürte Ellen ihr klopfendes Herz und eine unsichtbare Hand schnürte ihr die Kehle zu.

O, Berti, wenn du das alles sehen kannst, dann hilf mir. Ich flehe dich an, betete sie still. Lass mich nicht allein. Und wieder rannen ihr die Tränen die Wangen hinunter und tropften lautlos auf den grauen Granit.

Berti, mit dem sie zwanzig glückliche Jahre verheiratet war, war nun schon über vier Monate tot. Gestorben an einem plötzlichen Herzinfarkt und Ellen war sich danach absolut sicher, dass seine Firma das zu verantworten hatte. Nach über zwanzig Jahren treuer Mitarbeit hatten sie ihm die Kündigung – betriebsbedingt, wie sie sagten – überreicht. Und mit ihm mussten gleich weitere dreißig langbeschäftigte Mitarbeiter ihren Hut nehmen. Kurz und

schmerzlos, ohne weiteren Kommentar. Das komplette Rechenzentrum hatten sie bereits nach Indien verlegt, dort arbeitete man zu Spottpreisen und seine Firma konnte so nur noch größere Gewinne einfahren. Was nun aus den Entlassenen wurde, interessierte nur die Betroffenen selbst.
Für Berti war das schlicht alles viel zu viel, er konnte es einfach nicht verkraften. Die erhaltene Abfindung reichte gerade für die Tilgung der zweiten Hypothek ihres geliebten Hauses. Aber die monatliche Belastung war trotzdem immer noch zu hoch, denn die paar Euro, die er vom Arbeitsamt erhielt, reichten dafür nicht aus, sodass sie schon bald nicht mehr wussten, wie es weitergehen sollte.
Von Tag zu Tag wurde Berti depressiver und mutloser. Ein neuer Job war nicht in Sicht und die Sachbearbeiterin vom Arbeitsamt hob auch nur bedauernd die Schultern.
»Ein Mann in ihrem Alter ist nur schwer vermittelbar«, sagte sie mitfühlend. Aber von Mitgefühl konnte man nicht seine monatliche Belastung zahlen und die wenigen Euro, die sie noch auf ihrem Konto hatten, machten die Probleme nicht gerade kleiner.
»Ich suche mir einen Job, Berti«, hatte Ellen ihm mehrfach gesagt. Aber Berti winkte nur ab. »Wenn ich als zweiundfünfzigjähriger Ingenieur schon nichts finde, wie sollst du denn mit achtundvierzig, nach über zwanzig Jahren, die du schon aus dem Arbeitsleben raus bist, einen Job bekommen? Einfach unmöglich!«
Recht hatte er ja. Vor ihrer Ehe war Ellen Sekretärin im gleichen Unternehmen gewesen, das Berti jetzt entlassen hatte. Sie waren sich auf einer Weihnachtsfeier näher gekommen und schon bald danach war Ellen schwanger. Als sie heirateten, war Ellen schon im fünften Monat und

Berti wollte, dass sie ihre Stelle aufgab und sich nur noch um Kind, Haushalt und gesellschaftliche Verpflichtungen kümmern sollte. Und das hatte sie ja auch all die Jahre gern und mit viel Liebe getan. Berti war damals bereits stellvertretender Leiter des Rechenzentrums und verdiente schon recht ordentlich. Auf jeden Fall konnten sie sich auch ohne Ellens Gehalt einiges leisten und sehr gut leben. Anfangs wollten sie mehrere Kinder. Als jedoch nach der Geburt von Anke eine Eklampsie bei Ellen auftrat und um ihr Leben gebangt werden musste, entschlossen sie sich sofort, kein weiteres Risiko einzugehen und es mit einem Kind bewenden zu lassen.
Ellen ließ sich noch in der Klinik sterilisieren, um ganz sicher weitere Schwangerschaften auszuschließen. Und schließlich waren sie auch mit einem Kind sehr glücklich und zufrieden und dankbar, dass es gesund war. Anke war ihr ein und alles und Ellen war eine wunderbare fürsorgliche Mutter. Schon bald nach ihrer Geburt kauften sie ein kleines Reihenhaus am Rande der Stadt. Ellen hatte alle Hände voll zu tun, das kleine Heim gemütlich einzurichten, den Garten anzulegen und Anke eine glückliche Kindheit zu bieten. Es war ganz selbstverständlich, dass täglich viele Kinder aus der Nachbarschaft bei ihnen ein und aus gingen und der kleine Spielplatz im Garten war ein beliebter Treffpunkt der vielen kleinen Freunde.
Als Bertis Chef in den Ruhestand ging und er zum Chef des Rechenzentrums aufstieg, wurden sie mutig und entschlossen sich zum Kauf eines größeren Hauses unweit der Stadt. Ein schicker Architektenneubau mit schönem großen Garten und einem herrlichen Blick in den Taunus. Die hohe Finanzierung verursachte ihnen anfangs ziemliche Kopfschmerzen und sie verbrachten viele schlaflose

Nächte, aber irgendwie hatte Berti es geschafft, die Banken zu überzeugen und die Darlehen für ihre Hypotheken wurden abgesegnet. Sie schauten voller Optimismus in die Zukunft und packten mit viel Elan die Probleme an. Natürlich floss so mancher Groschen in das Haus, sodass einfach keine großen Ersparnisse mehr übrig blieben. Aber sie hatten ja die Sicherheit, eines fernen Tages, das Haus gänzlich abbezahlt zu haben.
Schon bald hatten sie viele neuen Freunde gewonnen und viele Einladungen und Ausflüge mit ihnen machten ihr Leben unterhaltsamer und reicher.
Ellen schaute traurig in ihren schön angelegten Garten, der immer ihr ganzer Stolz gewesen war. Was hatte sie sich mit seiner Gestaltung Mühe gemacht. Sie hatte viele Gartenbücher und Zeitschriften studiert, erst dann einen exakten Plan gezeichnet und jede Pflanze nach ihrer Blütezeit und Farbe eingetragen, bevor sie sich daran machte, alles zu bestellen und eigenhändig zu pflanzen. Berti half ihr dabei, so gut es zeitlich für ihn ging. Das war allerdings äußerst selten, da er in der Regel noch Arbeit mit nach Hause brachte. Aber das war in Ordnung so, denn es gab eine Abmachung zwischen ihnen. Er war für das Geld zuständig, sie für alles Private. Und all die Jahre klappte es so hervorragend und alle waren glücklich. Wer konnte denn vorhersehen, dass eines Tages alles wie ein Kartenhaus zusammenbrach. Erst verlor Berti seinen Job, dann kamen sie mit den Hypothekenzahlungen in Verzug und zu guter Letzt erlitt Berti den tödlichen Herzinfarkt.
Ellen kam sich sehr verlassen vor. Auch von Anke, die in München Medizin studierte und dort schon seit zwei Jahren mit ihrem Freund Robert in einer kleinen Zwei-Zimmer-Wohnung zusammenlebte. Sie war zur Beerdigung

nur kurz anwesend und musste bereits nach einer Woche schon wieder zurück. So blieb kaum Zeit, die wichtigsten Dinge zu besprechen.
Ellen seufzte tief und schaute sich betrübt im großen Wohnzimmer um. All die vielen vertrauten Dinge waren meist schon verkauft. Die Zimmer waren bereits halb ausgeräumt und die letzten Möbel wurden in den nächsten Tagen abgeholt und sollten dann in einem Container zwischengelagert werden, bis sie wusste, wo für sie die Reise hinging.
Für die meisten Gegenstände hatte sie nur Spottpreise erhalten, aber wer kauft denn auch schon gebrauchte Möbel, fragte sie sich. Fast alle Käufer waren Ausländer, denen es auf die Funktionalität und weniger auf die Schönheit ankam.
Der Möbelwagen, der nur die wenigen Stücke mitnehmen sollte, war für Montag bestellt. Und heute war Donnerstag. Dann fing für sie ein ganz neues Leben an und sie wusste nicht so recht, was auf sie zukam.
»Es tut uns leid, Frau Ritter, wir können Ihnen nicht länger Kredit gewähren. Sie haben kein Einkommen und von Ihrem Mann werden sie nur eine kleine Rente beziehen. Sie müssen einsehen, dass ihr Haus verkauft werden muss. Kulanterweise gewähren wir Ihnen eine Frist von drei Monaten, was äußerst entgegenkommend von uns ist. Wenn Sie in dieser Zeit Ihr Haus nicht selbst verkaufen können, müssen wir es leider zwangsversteigern. Wenn dieser Fall eintritt, können Sie davon ausgehen, dass ein wesentlich geringerer Betrag erzielt werden wird.«
Dies sagte vor zwei Monaten der kleine, drahtige Kreditsachbearbeiter der Bank zu ihr. Er hatte sie eigens zu sich bestellt, um ihr persönlich die Dringlichkeit der Sachlage

klar zu machen. Er sprach so vertrauensvoll und fürsorglich zu ihr, dass sie doch tatsächlich dachte, er hätte Mitgefühl mit ihrer Situation und war ihm sogar fast dankbar für seine Offenheit. Das Schreiben, das sie anschließend jedoch erhielt, war weniger einfühlsam. Ihr wurde lapidar mitgeteilt, wann der Termin der Zwangsversteigerung anberaumt war und wie der Versteigerungspreis des Hauses festgelegt wurde. Der Preis war lächerlich gering und deckte lediglich die Höhe der Darlehenssumme plus Nebenkosten ab. Ihr würde demnach kein Pfennig übrig bleiben. Das war ein absoluter Schock für Ellen. Sie rief sofort Anke an und teilte ihr die aktuelle Entwicklung mit. Anke wollte sich schnellstmöglich wieder melden und alles mit Robert besprechen, der besonders pfiffig in Geldangelegenheit war.
»Mach gleich mal ein bis zwei gute Digital-Fotos und schicke mir alle Details vom Haus in Kurzfassung plus Verkaufspreis per Email. Ich mach dann alles Weitere für dich. Wir werden auf den Immobilienportalen inserieren. Dort hat man die besten Erfolge«, sagte er so selbstsicher und gelassen, dass Ellen doch etwas beruhigter den Hörer auflegte.
Sie setzte sich sofort an ihren kleinen Laptop und erfasste in Stichworten die Vorzüge ihres Hauses. Dann machte sie mehrere Fotos vom Haus zur Auswahl und mailte die Daten umgehend zu Robert, der sich um alles Weitere kümmern wollte.
Tatsächlich ging dann alles ziemlich schnell. Ein junger Rechtsanwalt mit seiner Frau besichtigte das Haus als erster, gefolgt von einem Banker im gesetzten Alter mit Familie, der noch seine alte Mutter zu sich holen wollte. Und beiden gefiel das Haus sehr gut. Kein Wunder, hatte Ellen

doch ein sehr gepflegtes Haus mit bester Ausstattung und relativ neuer Küche anzubieten. Das Grundstück war nicht zu groß und nicht zu klein, gerade richtig, um ohne Gärtner bearbeitet zu werden. Und ihre außergewöhnliche Pflanzenauswahl rief wahre Begeisterungsstürme hervor. Ellen schilderte ihren Termindruck, ohne jedoch zu viel preiszugeben, und beide wollten kurz entschlossen das Haus kaufen. Nun ging es nur noch um den Preis. Den Zuschlag erhielt zu guter Letzt der Banker, da er, durch den Zuschuss seiner Mutter, über wesentlich mehr Kapital verfügte und den Mitbewerber überbieten konnte. So konnte Ellen kurzfristig die Hypotheken zurückzahlen und doch noch eine beachtliche Summe von fünfzigtausend Euro für sich zurückbehalten, die sie für ihre Altersversorgung sichern wollte.

Sie war Robert für seine Dienste sehr dankbar. Ohne ihn hätte sie das nie geschafft. Und als er dann den Vorschlag machte, ebenfalls übers Internet, nach einem Job für sie zu suchen, spürte sie doch etwas Optimismus in sich aufsteigen. Sie machte sich sofort daran, ihm ihre Qualitäten aufzulisten, obwohl ihr das in gewisser Weise etwas peinlich war. Sich selbst zu loben, fand sie immer schon etwas egozentrisch, und so wollte sie eigentlich nicht sein. Aber hier ging es um ihre Zukunft, da durfte sie nicht zimperlich sein.

So dauerte es nicht lange und Robert, der verschiedene Kontakte bereits geknüpft hatte, leitete ihr eine E-Mail von einem gewissen Herrn Struwe weiter. Er lebte an der italienischen Riviera und suchte eine deutsche Allroundkraft für sich und sein Anwesen. Sie könnte als Privatsekretärin wie auch als Haushälterin für ihn tätig werden. Eine zusätzliche Putzfrau sei vorhanden. Voraussetzung sei eine gegenseitige Sympathie, Ungebundenheit, Zuverlässigkeit und schnellstmögliche Aufnahme der Tätigkeit. Er schlug deshalb einen persönlichen Termin bei ihm in Andora, ganz in der Nähe von Alassio, vor. Die Reisekosten würde er erstatten. Er bot eine Flugreise nach Genua an, dort würde er sie dann abholen, und bat um ihre Nachricht.

Ellen war entzückt und verängstigt zugleich. Ob sie für solch eine Tätigkeit ausreichend qualifiziert war? Ob die Ansprüche in solchen, offensichtlich besseren Kreisen, nicht vielleicht zu hoch für sie waren? Sie rief sofort bei Anke an, um sich mit ihr und Robert zu beraten.

Beide waren von dem angebotenen Job begeistert. »Stell dir nur mal die schöne Gegend vor, wer hat denn schon so eine Arbeitsstelle. Du musst dir einfach mehr zutrauen«, meinte Robert. »Ich weiß doch, dass du das kannst. Und erst mal alles ansehen, heißt ja noch nicht unbedingt, das du den Job auch annimmst. Also komm schon, trau dich was!«

Klar was soll's, beruhigte sie sich selbst. Ansehen kann ich mir den Herrn und die schöne Gegend ja mal. Sie war vor vielen Jahren mit Berti und Anke schon mal an der italienischen Küste entlang gereist, als sie von Frankreich kommend über Monaco und Italien nach Deutschland zurückfuhren. Und sie wusste noch, dass es dort sehr, sehr schön war.

»Also gut, ich werde diesem Herrn Struwe selbst antworten. Ich schau mir alles einmal an«, sagte sie deshalb mutig zu Robert und nahm umgehend per Email Kontakt mit Herrn Struwe auf, um einen Termin zu vereinbaren.

Und nun war es am Montag schon so weit. Ihr Flug war gebucht und Herr Struwe wollte sie in Genua am Hafen abholen. Sie hatten sich dort am Yachthafen in einem Restaurant verabredet, falls er nicht pünktlich erscheinen sollte. Das Abenteuer konnte also beginnen.

Luisa und Jochen in Ascona

»Dieses Haus und seine Lage sind einfach fantastisch«, sagte Luisa begeistert und zog Jochen Steffens lachend hinter sich her in Richtung Pool.

»Dein Chef muss einen Narren an dir gefressen haben, oder war da eventuell mehr?«

Jochen zog sie an sich heran und küsste sie leidenschaftlich, als er ihr diese Frage scherzend stellte, sodass er ihr Erröten nicht sehen konnte. Luisas Leben hatte sich in den letzten Monaten dramatisch verändert. Ihre Gefühlswelt war einige Zeit völlig durcheinander. Zuerst hatte sie sich total in Jochen verliebt, der es verstand, sie Stück für Stück mehr zu erobern, und heute konnte sie sich schon überhaupt nicht mehr vorstellen, wie ein Leben ohne ihn aussehen würde. Und dann der Schock über Philipps Selbstmord. Das traf sie wie ein Schlag auf den Kopf. Jochen musste alle Register ziehen, um sie zu beruhigen, und tat alles, damit sie wieder einen klaren Kopf bekam. Schließlich mussten viele Dinge von ihr abgewickelt werden.

Die Selkmann-Akte wurde für sie geschlossen und Philipps und Silvias Beerdigung wurden von ihr organisiert. Das war sie Philipp einfach schuldig. Es war eine kleine Beerdigung auf dem Friedhof von Ascona. Sie hatte den Termin geheim gehalten, sodass nur Jochen, sie und einige wenige Nachbarn und Angestellte anwesend waren. Und doch hatten es einige Journalisten geschafft, auch da

zu sein. Sie witterten eine riesen Story. Die wollten sie sich natürlich nicht entgehen lassen und ganz groß in ihren Gazetten darüber berichteten.
Zum Glück war nun alles überstanden. Luisa hatte ein beträchtliches Vermögen von Philipp geerbt. Alle deutschen Bankkonten gehörten nun ihr und dann noch dieses schöne Haus in Ascona. Das hätte sie im Traum nie erwartet und sie fühlte sich reich beschenkt, obwohl sie manchmal darüber grübelte, wo eigentlich Philipps Schweizer Konten geblieben waren. Sie wusste von ihm, dass er viel Geld in die Schweiz transferiert hatte. Vielleicht hatte er sie ja vorher schon aufgelöst? Silvias Bankguthaben hatte Silvias Mutter geerbt, die es sicher gut gebrauchen konnte. Aber egal, sie war auf der einen Seite überglücklich, so viel Geld zu besitzen, auf der anderen Seite war jedoch die tiefe Trauer darüber, dass sie Philipp auf so dramatische Weise verloren hatte. Sie grübelte oft darüber nach, ob er bei ihrem letzten Treffen beim Notar schon diesen Selbstmord geplant hatte.
Stumm standen sie eng umschlungen im Garten der großen Villa und genossen die Ruhe, die sie umgab und den traumhaften Blick über den See.
»Was meinst du, könnten wir uns hier vielleicht niederlassen und du arbeitest als freier Journalist und ich bin deine Sekretärin? Wäre das für dich denkbar?«, unterbrach Luisa die Stille.
Jochen zog sie näher an sich heran. »Ich habe mich nur nicht getraut zu fragen«, flüsterte er ihr ins Ohr. »Jetzt, wo du so eine reiche Frau bist, möchte ich mich nicht bei dir aufdrängen. Aber toll wäre das schon.« Jochen streifte mit seinen Lippen ihren blonden Lockenkopf und drückte sie fest an sich.

»Gilt denn dein Heiratsantrag nicht mehr?«, fragte sie scherzend. »Den hast du mir doch bereits gemacht, als ich noch keine Millionen geerbt habe. Und Ehepaare müssen schließlich gemeinsam beschließen, wo sie wohnen möchten.«
Luisa sah ihm nun fest in die Augen, umarmte und küsste ihn erneut. »Komm, wir schauen uns das Haus innen noch einmal ganz genau an. Wir können das Für und Wider heute Abend beim Essen besprechen. Wir sind ja erst heute angekommen und haben noch ganze vier Wochen Zeit das Haus und die Gegend näher kennenzulernen.«
Sie liefen Hand in Hand zur Vorderseite des Hauses wo noch immer Silvias und Philipps Autos nebeneinander geparkt waren. Gerade so, als wären beide noch im Haus anwesend.
»Das ist hier schon ein komisches Gefühl für mich«, sagte Luisa und deutete auf die Fahrzeuge. »Philipp ist hier noch so präsent. Sieh nur, hier im Fahrzeug hängt noch seine Sonnenbrille am Innenspiegel. Das hat er immer so gemacht.«
Verschämt wischte sie sich ein paar kleine Tränen aus den Augenwinkeln und schaute dabei in eine andere Richtung, damit Jochen es nicht sehen konnte.
»Was willst du denn mit den beiden Fahrzeugen machen?«
»Die werde ich wohl verkaufen müssen, es sei denn, wir ziehen wirklich nach Ascona, dann können wir sie selbst fahren. Aber nach Deutschland kann ich die Fahrzeuge nicht mitnehmen, sie müssten sonst verzollt werden, da sie in der Schweiz zugelassen sind. Die Schweizer sind da besonders schwierig. Wer in der Schweiz fest lebt, darf nicht mit einem deutschen Nummernschild fahren. Er

muss ein in der Schweiz angemeldetes Fahrzeug haben. Ich habe mich da bereits genau erkundigt.«
Im Haus durchschritten sie jedes Zimmer und öffneten jeden Schrank, obwohl sich Luisa dabei wie ein Eindringling vorkam. Es war alles so intim und seltsam. Silvias unzählige Kleidungsstücke, ihre Unterwäsche und ihr Schmuck, alles lag fein säuberlich verstaut in den Schränken. Ebenso die persönlichen Dinge von Philipp. Es war gerade so, als wären sie beide nur kurz spazieren gegangen und würden gleich wieder zur Tür hereinkommen.
Jochen spürte Luisas Beklemmungen und zog sie aus Philipps Büro in Richtung Küche.
»Komm, ich habe Hunger. Vielleicht finden wir etwas Essbares in der Vorratskammer. Sonst gehen wir vielleicht lieber ins Restaurant.«
Es waren erstaunlich viele Vorräte vorhanden. Selbst die Gefriertruhe war übervoll mit den köstlichsten Speisen. Luisa musste nur noch alles zubereiten, was ihr überhaupt keine Mühe machte, da sie besonders gern leckere Gerichte für Jochen zauberte. Und den ersten Abend in diesem Haus wollte sie ungestört mit ihm ganz allein verbringen. Als Schlafzimmer hatten sie sich vorerst das Gästezimmer ausgesucht und den Inhalt ihrer Koffer bereits in den großen Schränken verstaut. Bevor nicht alles renoviert und teilweise entfernt wurde, wollten Luisa auf keinen Fall die Schlafräume von Philipp und Silvia benutzen, sie könnte hier sonst kein Auge zumachen.
»Gut, dass das Hausmädchen nach dem Unglück nicht mehr gekommen ist. So haben wir wenigstens unsere Ruhe und können uns ungestört mit dem Haus anfreunden. Und vor allen Dingen solange schlafen, wie wir wollen. Wenn das auch alles ein bisschen mehr Arbeit macht.«

Jochen warf sich seufzend rücklings auf das bequeme Bett und streckte Luisa die Arme entgegen, die dieser Einladung nicht widerstehen konnte und sich ihm freudig in die Arme warf.

Das Haus in Andora

Gut gelaunt und laut pfeifend arbeitete der Elektriker der Telecom Italia in Peter Struwes Büro im oberen Turmzimmer an der Telefonanlage. Bereits zum dritten Mal war die Leitung tot und die beiden ersten Male sollte angeblich immer alles ordentlich repariert worden sein. Bis wieder einmal ein heftiges Gewitter alles lahmlegte. Das Telefon blieb stumm und somit auch das Internet und Peter fühlte sich ziemlich abgeschnitten von der Welt hier oben auf dem Hügel von Andora. Nicht, dass es ihm etwas ausgemacht hätte. Aber ein bisschen blöd und ungewohnt war es schon, so ganz ohne Verbindung mit der Außenwelt zu sein. Zumal hier oben zurzeit die meisten Häuser unbewohnt waren, da sie überwiegend als Ferienhäuser genutzt wurden. Und dummerweise sollte gerade heute seine neue Sekretärin, Frau Ritter, ankommen. Sie wollte ihn von Genua aus anrufen und war sicher schon etwas beunruhigt, dass sie ihn telefonisch nicht erreichen konnte. Er hatte ihr nur seine italienische Telefonnummer gegeben und er selbst hatte sich noch kein neues Handy besorgt.

Unruhig lief er hinaus auf die Terrasse vor seinem Turmzimmer. Von hier aus konnte er die schmale Straße sehen, die sich vom Meer aus hoch auf den dicht bebauten Hügel schlängelte. Wie immer war er von der grandiosen Aussicht begeistert. Sein Haus lag auf dem höchsten Punkt des Hügels und überragte sämtliche Villen der Umgebung, sodass er weit hinaus aufs Meer blicken konnte, das sich ihm heute wie glitzerndes Gold darbot. Die kleine Stadt zu seinen Füßen verzauberte diesen Anblick noch um einiges mehr und er war froh darüber, dass er schon heute diesen Anblick mit einem Menschen, der ihm hoffentlich sympathisch war, teilen konnte. Alles, was er bisher über Frau Ritter wusste, war ihm angenehm. In dem kurzen Telefonat vor einigen Wochen und in den E-Mails, die er bisher von ihr erhalten hatte, machte sie einen patenten Eindruck und sie schien für seine Bedürfnisse gut geeignet. Er brauchte einfach jemanden, mit dem er sich in deutscher Sprache austauschen konnte, denn seine Italienischkenntnisse waren noch sehr spärlich, obwohl er immer wieder mit seinem Computer-Sprachkurs täglich für ein bis zwei Stunden übte. Aber er stellte doch wiederholt fest, wie viel ihm im Italienischen noch fehlte. So konnte er sich zwar einigermaßen mit seiner Putzfrau aus dem Ort verständigen, aber es haperte doch manchmal sehr, wenn er ihr etwas außerhalb der Norm erklären wollte.

»Ho finito, mio signore. Il telefono va di nuovo«, erklärte ihm lächelnd der Telecom-Mann. »Ah, prima!« Peter war erleichtert. Nun konnte Frau Ritter ihn im Haus erreichen. Er unterschrieb einen Zettel und versuchte sofort, Ellen Ritter auf ihrem Handy zu erreichen.

Genua

Ellen Ritter saß in Genua auf der Terrasse vor einem Restaurant am Hafen und genoss das Treiben auf dem weitläufigen Gelände der italienischen Großstadt. Es

flanierten Menschen aus aller Herren Länder in vielen Hautfarben an ihr vorbei und das laute Geschrei der vielen Kinder klang zu ihr herüber. Sie fühlte sich freudig erregt. Das tolle Wetter, das ganze südliche Flair gefielen ihr und sie betrachtete interessiert die vielen riesigen Yachten, die im Hafen lagen. Groß wie Häuser, exklusiv und luxuriös, eine schöner und größer als die andere zeigten sie den Betrachtern, dass hier das große Geld zu Hause war.
Es waren viele Touristen in der Stadt und Ellen vernahm ein buntes Sprachengewirr. Auf der gegenüberliegenden Seite standen viele Menschen an den Kassenhäuschen an. Sie alle wollten ein Ticket für das ›Galata-Meeresmuseum‹ erwerben, in dem historische Atlanten, Navigationsgeräte und Schiffsnachbauten in Originalgröße ausgestellt wurden.
Das würde ich mir auch gern einmal ansehen, dachte sie, als ihr Handy klingelte. Erleichtert stellte sie fest, dass es Herr Struwe war. Sie hatte vorher schon einmal versucht, ihn zu erreichen, aber der Anschluss war wohl gestört.
Na, dachte sie, das fängt ja gut an. Aber von ihren früheren, lange zurückliegenden Reisen in den Süden wusste sie, dass die Telefonleitungen nicht so gut wie in Deutschland funktionierten und regte sich erst einmal nicht weiter auf.

Ellen wird abgeholt

Peter Struwe setzte sich in seinen neuen Sportwagen und ließ jedoch das Verdeck geschlossen. Die schnelle Fahrt über die Autobahn wäre sonst nicht so angenehm. Und er wollte recht schnell in Genua eintreffen, damit Frau Ritter nicht so lange warten musste.

Es herrschte viel Verkehr und er kam nur sehr mühsam voran. Als er endlich Richtung Genua von der Autostrada abbog, fand er sich schon kurz danach in einem langen Stau wieder, der sich bis in die Stadt hinein hinzog. So kam er nur schrittweise voran, sodass er anschließend ziemlich genervt und fluchend in das große Parkhaus am Hafen einparkte.

Er machte sich im Auto zuerst etwas frisch, kämmte seine kinnlangen, braun gefärbten Haare hinter die Ohren und sah sich prüfend im Spiegel an. Was er sah, war nicht besonders zufriedenstellend. Du siehst ganz schön mitgenommen aus, dachte er und strich sich über die kleinen Fältchen rund um die Augen, die ihren früheren Glanz etwas eingebüßt hatten. Zum Glück verdeckt die neue Hornbrille hier einiges. Kein Wunder, der Stress der letzten Monate hat seine Spuren hinterlassen, dachte er müde. Die letzten Monate waren nicht leicht für ihn. Immer wieder plagten ihn Albträume und nicht nur einmal fragte er sich, ob nicht alles ein Fehler gewesen sei. Seine spontane Entscheidung nach den schrecklichen Geschehnissen, an denen er eigentlich überhaupt keine Schuld hatte, stellte er immer wieder infrage. War es richtig von ihm, sich in eine völlig andere Person zu verwandeln und sein bisheriges Leben zu vergessen. Ich heiße von nun an Peter Struwe, bin zweiundsechzig Jahre alt und ein ehemaliger Schauspieler aus Bochum. Diesen Satz hämmerte er sich wieder und wieder ein. Er war nicht mehr Philipp Sandter, der erfolgreiche Anlageberater. Dieser Philipp Sandter existierte nicht mehr. Er hatte Selbstmord begangen. Er war ihm gänzlich unbekannt.

Aber damit musste er nun klarkommen. Er hoffte, dass sein Leben von nun an etwas ruhiger und weniger problembeladen sein würde und dass die vielen düsteren Gedanken, die ihn nachts nicht schlafen ließen, bald wieder von ihm abfallen würden. Was soll mir denn schon passieren, ich habe ja kein Verbrechen begangen, dachte er. Sein Geld hatte er im Haus hier an der Riviera an einem sicheren Ort versteckt. Das neue Haus und sein neues Auto waren bar bezahlt und er musste nur noch seinen Lebensunterhalt bestreiten. Und dafür hatte er mehr Geld als genug.

Er hatte aus der Villa in Ascona alle wertvollen Dinge aus dem Safe mitgenommen. Und seine Akte bei der Polizei wurde geschlossen, das hatte er alles eruiert. Nur eins beschäftigte ihn immer wieder. Wie wird es Luisa ergangen sein. Er musste sie irgendwie kontaktieren. Oder war es besser, alles zu lassen wie es war und sie glauben zu lassen, dass er tot sei?

Und wie so oft, kam die Erinnerung an den alles entscheidenden Tag in sein Gedächtnis zurück. Wieder sah er Silvia vor sich, wie sie sich nach Luft ringend an den Hals fasste und nach hinten mit ihrem Stuhl umkippte. Wie ihr ganzer Körper zuckte wie bei einem epileptischen Anfall und ihr Körper eisig und trotzdem schweißnass war. Peter stand fassungslos und wie gelähmt daneben und war zu keiner Reaktion fähig. Bereits kurz danach starrte Silvia ihn mit ihren toten Augen an. Das war einfach schrecklich!

Nach dem ersten Schreck erkannte er jedoch ganz klar Silvias Plan und den wollte er ihrem Komplizen gründlich vermasseln.

Pragmatisch checkte er die Lage und ihm wurde bewusst, dass dieser Peter nur auf ein Zeichen wartete, um seinen Platz einzunehmen. Also spielte er in Gedanken erst ein-

mal alle Was-wäre,-wenn?-Fragen durch und kam zu dem Schluss, den Spieß einfach umzudrehen.
Er ging in Silvias Schlafzimmer zurück und lockte Peter mit dem Plakat, das er ans Fenster hielt, herüber ins Haus, ohne sich selbst zu zeigen. Der kam nach dem Zeichen auch sofort durch die offene Terrassentür und blickte völlig erstaunt auf die tote Silvia.
Erschrocken bemerkte er dann Philipp, der sich hinter dem Vorhang versteckt hatte und plötzlich ins Zimmer trat.
»Ganz ruhig, mein Freund«, sagte er mit warnender Stimme. »Da ist wohl was schief gelaufen, was?«, grinste er ihn nun überlegen an und richtete seine Pistole, die er zum Glück noch aus früheren Zeiten in seinem Safe aufbewahrt hatte, auf Peter Struwe.
Peter war unfähig überhaupt etwas zu sagen. Er schaute Philipp erschrocken und ängstlich an und setzte sich stumm widerstandslos auf den von Philipp hingehaltenen Stuhl.
»Hier trinken Sie auf diesen Schreck erst einmal einen ›Fernet-Branca‹, das beruhigt«, sagte Philipp. Er hielt Peter ein volles Glas von diesem bitteren Magenbitter hin, den er sich vorher bereits selbst eingegossen, aber noch nicht angerührt hatte.
»Was haben Sie mit Silvia gemacht?«, presste dieser keuchend hervor.
»Ich? Ich habe überhaupt nichts gemacht. Sie trank nur meinen Tee und kippte plötzlich nach hinten um. Mehr kann ich Ihnen auch nicht sagen. Ich schätze mal, der Tee war wohl für mich gedacht.«
Philipp lächelte ihn höhnisch an. »Nun trinken Sie schon, Sie sind ja schon ganz blass!« Philipp hielt ihm erneut

sein Glas hin. »Ich genehmige mir auch einen«, sagte er und griff bereits nach einem neuen Glas.
Ohne Peter aus den Augen zu lassen und die Pistole weiter auf ihn gerichtet, ging er rückwärts an das Regal, um sich von dem Magenbitter ein weiteres Glas einzuschenken, das er erst noch abwartend in der Hand hielt.
»Trinken Sie, dann geht es Ihnen wieder etwas besser!«, forderte er Peter erneut auf.
»Mir ist noch nicht ganz klar, was hier gespielt wird. Aber das werden Sie mir bestimmt gleich alles erzählen.«
Es war ihm überhaupt nicht plausibel, worauf das alles hinaus laufen würde. Aber abwarten und Tee trinken, das war schon immer seine Devise.
Peter nahm nun doch mit zittrigen Händen einen kräftigen Schluck. Aber sofort merkte er, dass mit dem Getränk etwas nicht in Ordnung war und schaute Philipp aus weit aufgerissenen Augen an.
»Sie Schwein, Sie, Sie ...«, stotterte er, bevor er nach Luft ringend nach hinten umfiel. Alles war genau wie bei Silvia. Er zuckte noch einige Male heftig mit den Armen und Speichel lief ihm aus dem Mund, bevor auch er unbeweglich liegen blieb.
Philipp blickte geschockt auf das Schauspiel, das sich erneut vor seinen Augen abspielte und griff sich unwillkürlich an seinen Hals, an dem sein Herzschlag überdeutlich zu spüren war. Sein Blutdruck kletterte kräftig in die Höhe und ihm wurde unheimlich schwindelig, sodass er sich an der Tischkante festhalten musste.
Nachdem er, immer wieder tief ein- und ausatmend, sich etwas beruhigt hatte, wurde ihm plötzlich schlagartig die unglaubliche Situation bewusst. Restlos mit den Nerven fertig ließ er sich auf einen Stuhl zurückfallen und stellte

abrupt sein Glas angewidert auf den Tisch zurück. Wie gelähmt vor sich hinstarrend, blieb er einige Minuten apathisch sitzen.
»Was ist hier nur los«, flüsterte er immer wieder und wischte sich mit seiner Hand den Schweiß von der Stirn. Er nahm die ›Fernet-Branca-Flasche‹ und hielt sie sich an die Nase. Der Inhalt hatte einen beißenden Geruch und enthielt bestimmt nicht die Sorte Kräuterlikör, die er bisher gewohnt war, obwohl das Etikett genau gleich aussah. Denk nach, Philipp, flüsterte er leise zu sich selbst. Und er spielte in Gedanken alle Möglichkeiten durch, die zu dieser Situation geführt haben konnten. Er war sich ziemlich sicher, dass dieser Peter und Silvia ihn beseitigen wollten und Peter dann anschließend in die Rolle des Philipp Sandter schlüpfen wollte. Na klar, so muss es gewesen sein! Das wäre bestimmt keinem aufgefallen, denn hier in Ascona kannten ihn nur ganz wenige Menschen und die auch nur sehr oberflächlich. Aber was hätten sie mit seiner Leiche angefangen?
Da fiel ihm wieder das im Parkhaus abgestellte Auto ein und ihm fiel es wie Schuppen von den Augen.
Logisch! Die wollten ihn als Peter Struwe umbringen und irgendwie verschwinden lassen. Vielleicht einen Unfall inszenieren, einen Absturz oder so etwas ähnliches. Peter Struwe wäre dann offiziell verunglückt und keiner würde etwas merken.
»Das hast du dir selbst zuzuschreiben, du Gauner«, flüsterte er nun in Peters Richtung. »Pech gehabt, mein Lieber. Jetzt bin ich wohl am Zuge«.
Philipp setzt sich zum Nachdenken auf die mittlerweile dunkle Terrasse und ließ sich seine brenzlige Situation durch den Kopf gehen. Vielleicht war das die einmalige

Chance für ihn, seine schwierige Situation in Deutschland zu beenden. Er erkannte schnell die Möglichkeit, die sich ihm bot, alle Probleme mit einem Schlag aus der Welt zu schaffen. Und zugleich eröffnete es ihm ungeahnte neue Auswege, die er präzise hin und her überlegte und analysierte, was er den vielen Jahren seiner beruflichen Tätigkeit bestens gelernt hatte und gut beherrschte.
Er wog das Für und Wider ständig gegeneinander ab. Und plötzlich stand ihm ganz klar vor Augen, was er zu tun hatte.
Philipp legte sorgfältig seine Pistole in eine herbeigeholte Tasche und bemühte sich, nichts mehr zu berühren, da er sicher war, dass Peter seine Fingerabdrücke bereits im ganzen Haus verteilt hatte. Er zog sich dünne Gummihandschuhe an, die Cora immer zum Polieren der Silberbestecke anzog. Nun drückte er Peter sicherheitshalber kurz seinen Füllfederhalter und einen Briefbogen in die rechte Hand, damit sich seine Abdrücke darauf auch sicher verewigten. Danach setzte er sich damit an seinen Schreibtisch und schrieb einen Abschiedsbrief, den die Polizei später finden sollte.
Dann leerte er seinen Safe in aller Ruhe, ließ ein paar unbedeutende Dinge in ihm liegen und schloss ihn sorgfältig wieder ab. Den Schlüssel legte er in seinen Schreibtisch. Auch diesen durchsuchte er nach verfänglichen Unterlagen. Er fand noch seinen Reisepass, den er eigentlich nur für Fernreisen benötigt hatte, und steckte ihn sicherheitshalber auch in seine Tasche. Wer weiß, vielleicht brauche ich den noch für mein Konto in Singapur.
Alle Dinge, die er nach seiner heutigen Ankunft berührt hatte, wischte er sorgfältig ab und stellte sie zurück an ihren Platz. Da er schon einige Zeit nicht mehr im Haus

war, konnte er davon ausgehen, dass seine Fingerabdrücke, wenn überhaupt noch welche vorhanden sein sollten, nicht von Bedeutung waren. Dagegen waren Peters Fingerabdrücke bestimmt im ganzen Haus zu finden. Schließlich hatte er sich schon eine ganze Weile hier eingenistet.

Plötzlich fiel ihm heiß ein, dass er ja auch noch sein Auto durchforsten und reinigen musste. Er fuhr deshalb seinen Wagen in die Garage, um völlig ungestört auch hier alle Fingerabdrücke zu verwischen. Zur Sicherheit legte er auch noch seine Autohandschuhe in den Wagen, damit es logisch war, dass keine Fingerabdrücke zu finden waren. Zum Glück hatte Peter Struwe schon seine Kleidung an und alles andere an ihm war auch bis ins kleinste Detail auf Philipp abgestimmt.

Silvia und er hatten sich wirklich viel Mühe gegeben aus Peter einen echten Philipp zu machen. Er zog ihm noch seine kostbare Uhr ans Handgelenk. Auf die musste er leider verzichten, wie auch auf dieses wunderschöne Anwesen hier. Das war schon etwas schmerzlich. Aber zum Glück gehörte ja nun alles Luisa und das hatte doch etwas Tröstliches für ihn.

Jetzt nur keinen Fehler machen, beschwor er sich immer wieder selbst. Analytisch und strategisch denken, Philipp!, befahl er sich erneut.

Er leerte Peters Taschen und fand dort seine Autopapiere, den Schlüssel, den Parkschein und seinen Pass. Er steckte alles ein und ging hinüber zum Gästehaus, um nachzusehen, was dort vielleicht noch von Peter zu finden war. Und tatsächlich konnte man sehen, dass sich hier jemand aufgehalten hatte. Er holte einen Müllsack und steckte alle verräterischen Dinge hinein, um sie später mitzunehmen.

Das benutzte Weinglas stellte er im Haus auf. Das sollte die Polizei ruhig finden. Als alles wie immer und unbenutzt aussah, schloss er im Haus noch alle Türen ab und verließ sein Anwesen in der Dunkelheit heimlich zu Fuß über den ›Monte Veritá‹ in Richtung Locarno.
Bis zum Parkhaus war es doch ein gewaltiger Fußmarsch. Aber er konnte unmöglich mit einem Taxi fahren, da war ihm das Risiko doch zu groß, später, wenn die Polizei ermitteln würde, von irgendwem erkannt zu werden.
Ohne Probleme fand er Peters Fahrzeug und verließ damit das Gebäude in Richtung Italien. Aber erst nachdem er das Ende des Sees erreicht hatte, suchte er sich in Arona ein schönes Hotel, meldete sich als Peter Struwe an und ließ die Koffer aus Peters Auto in sein Zimmer tragen. An diesen Namen musste er sich von nun an gewöhnen. Es gab kein Zurück mehr! Er war jetzt Peter Struwe und diesen Namen hämmerte er sich jetzt mehr und mehr ein. Er durfte sich keinen Fehler erlauben.
Erschöpft ließ er sich aufs Bett fallen und lag Minuten völlig regungslos in den weichen Decken und schaute wie in Trance zum geöffneten Fenster hinaus. Was für ein Tag! Sein Magen knurrte plötzlich heftig und er verspürte einen riesigen Hunger. Langsam stand er auf und schaute auf den großen Lederkoffer der noch ungeöffnet im Zimmer stand.
Angespannt öffnete er den Verschluss und schaute auf den ordentlich zusammen gefalteten Inhalt. Du hast Geschmack, dachte er und nahm Stück für Stück der eleganten Garderobe aus dem Koffer und hängte alles ordentlich in den Kleiderschrank. Außer den Kleidungsstücken lagen noch zwei Rechnungen im Koffer, die dieser Peter wohl vor seiner Abreise noch erhalten hatte, denn das Datum

auf beiden war erst vor wenigen Wochen. Die werde ich nun bezahlen müssen, murmelte er vor sich hin und holt sogleich seinen Laptop aus seinem Aktenkoffer, den er natürlich mitgenommen hatte und der seine wichtigsten persönlichen Dinge enthielt. Seinen Computer in Ascona konnte er deshalb unbesorgt zurücklassen. Auf ihm waren eigentlich keine Geheimnisse enthalten und er benutzt ihn mehr für seine Recherchen im Internet.

Geübt loggte er sich ins Internet ein und gab den Namen Peter Struwe in die Suchmaschine. Gleich darauf fand er viele Einträge unter diesem Namen, aber nur einer wohnte in Bochum.

Das nenne ich Glück!, freute er sich und schaute sich alles an, was er über Peter Struwe finden konnte. Seine Anschrift stand ja bereits im Pass und auf den Autopapieren. Also schaute er auch bei ›Google Maps‹ nach seinem Wohnort und konnte sehen, dass er in einem großen Mietshaus wohnen musste. Hier hatte er eine Wohnung in der Brückstraße mitten in der Stadt. Über seine Person konnte er nur wenig erfahren. Er erfuhr, dass er Schauspieler war, was ihn eigentlich nicht verwunderte, dass er aber wohl keine Erfolge vorweisen konnte. Und – das war interessant – dass er mit einer kürzlich verstorbenen, wesentlich älteren, wohlhabenden Frau liiert war, die vor einigen Monaten durch einen Unfall verstorben war. Man sah ihn mit ihr auf Vernissagen, auf Bällen und bei Premieren. Es sah ganz danach aus, als ließe er sich auf reiche Witwen ein. Das würde doch zu ihm passen, dachte er und seufzte. Da habe ich mir ja ganz schön was eingehandelt.

Er machte sich nun erst einmal am Computer eine To-do-Liste, in die er die nächsten Schritte eintrug. Und dann

funktionierte er nach Plan, wie ein Computer mit Zeitschaltuhr, emotionslos und völlig rational. Weiteres Nachdenken wollte er erst einmal auf später verschieben.
Als Erstes musste er ein Haus finden und das sollte in Italien sein. Er hatte auch schon eine genaue Vorstellung davon, wie es ungefähr aussehen sollte. Ein Blick aufs Meer könnte ihm gefallen. Und ein gutes Stück entfernt von Ascona sollte es auch sein. Also blieb vorerst nur die Toscana oder die italienische Riviera. Er entschied sich für die Riviera, da konnte er einigermaßen sicher sein, nicht auf bekannte Gesichter zu stoßen, da viele seiner früheren Kollegen bereits in der Toscana ein Anwesen hatten. Also fuhr er am nächsten Morgen erst nach Genua und von dort aus die Riviera entlang Richtung Frankreich. In Alassio ging er in ein Maklerbüro und ließ sich einige Häuser der Gegend zeigen. Wie auch schon damals in Ascona, fand er relativ schnell ein Steinhaus in Andora an der ligurischen Küste, das ihm auf Anhieb gefiel. Es handelte sich um ein hoch auf dem Berg gelegenes kleineres Anwesen mit einem exorbitanten, fast kitschigen Blick übers Meer und einem großen, wenn auch ungepflegten Garten. Nicht zu vergleichen mit dem tollen Garten in Ascona. Aber das kann ja geändert werden, dachte er und vereinbart sofort einen Besichtigungstermin. Schon kurz darauf kaufte er das Haus unter dem Namen Peter Struwe und unterschrieb zum ersten Mal mit dem neuen Namen beim Notar den Kaufvertrag. Er eröffnete mit Peters Pass ein Konto bei der ›Che Banca‹, die sich hauptsächlich auf online Banking spezialisiert hatte.
Dann beschäftigte er sich übungsweise fast täglich mit dem Lebenslauf dieses Peter Struwe und verwandelte sich nach und nach immer mehr zu seinem Ebenbild, wenn

auch nur äußerlich. Innerlich blieb er der Mensch, den er schon immer war, wenn auch aufgrund der Umstände mit einem zerrissenen und fast schon schizophrenen Innenleben.
Oft zweifelte er an der Richtigkeit seiner Entscheidung und konnte sich nur schwer an seine neue Identität gewöhnen.
Nach einigen Wochen war er mental so weit, dass er als Peter Struwe nach Bochum fahren konnte, um dort wichtige Dinge zu regeln. Zuerst wollte er sich mit allen Unterlagen in Peters Wohnung auseinandersetzen. Dort angekommen, staunte er nicht schlecht, welch komfortable Unterkunft er vorfand.
Er setzte sich auf das mitten im Zimmer stehende Sofa und schaute sich prüfend im Raum um. Und ganz plötzlich überfiel ihn doch leichte Panik. Was machte er hier in einer fremden Wohnung und wie sollte er sich weiter verhalten. Was, wenn es plötzlich an der Tür klingelt? Oder ein Nachbar ihn ansprach? Ihm wurde übel bei dem Gedanken und ein Zittern durchlief seinen Körper.
Sein Blick fiel auf eine Cognacflasche. Jetzt erst einmal ein ›Dujardin‹! Dieser alte Werbeslogan fiel ihm urplötzlich ein und er musste wider Erwarten lächeln. Jetzt nur nicht schlappmachen, befahl er sich und nahm einen tiefen Schluck direkt aus der Flasche. Bis jetzt hat doch alles gut geklappt, das wird schon weiter gut gehen.
Peters Wohnung befand sich unter dem Dach eines kleinen Mietshauses mit wenigen Bewohnern. Die Einrichtung war sehr modern und wertvoll. Nach Durchsicht aller Aktenordner stellte er fest, dass es sich um eine Eigentumswohnung handelte, für die keine Hypothekenbelastung vorhanden war. Nach den Kontoauszügen zu

urteilen, stammte das Geld für die Wohnung von einer gewissen Eleonore Grütter, mit der er wohl ein Verhältnis gehabt hatte. Aus einer ausgeschnittenen Todesanzeige, die er in einer Schublade mit vielen Briefen von diversen Damen gefunden hatte, konnte er entnehmen, dass Frau Grütter vor einem halben Jahr durch einen Unfall ganz plötzlich verstorben war. In der Anzeige stand als Kondulenzadresse eine Renate Beringer, offensichtlich die Nichte der Verstorbenen. Und von dieser besagten Frau Beringer fand er ein Schreiben an der Todesanzeige anhängend, in dem die übelsten Beschimpfungen standen, die Peter Struwe verdächtigten, sich am Vermögen der Verstorbenen bereichert zu haben. Mehr Unterlagen konnte er in dieser Sache allerdings nicht finden. Weiter fand er einige offene Rechnungen sowie auch die Kontoauszüge der örtlichen Sparkasse. Hier war nur noch wenig Guthaben vorhanden, sodass er sich vornahm, dieses Konto schnellstens aufzufüllen, um alle offenen Rechnungen bezahlen zu können.

Er wollte dieses Konto dann auflösen und ein neues in einem neuen Wohnort eröffnen.

Nachdem er die Wohnung ganz genau durchsucht und alle Unterlagen gesichtet hatte, wusste er nun, was als Nächstes zu tun war. Um bestimmt auch nichts zu vergessen, notierte er sich deshalb die folgenden Schritte auf einem Zettel, den er in den nächsten Tagen nach und nach abarbeiten wollte.

Zuerst füllte er das Girokonto auf und bezahlte alle offenen Rechnungen. Dann erteilte er einem örtlichen Makler die Vollmacht, die Wohnung mit Möbeln zu verkaufen, denn in Bochum wollte er auf keinen Fall gemeldet bleiben.

Er liebäugelte mit einer kleinen Wohnung am Bodensee. Von dort aus wollte er dann mit neuer deutscher Adresse quasi ein neues Leben als Peter Struwe führen und alle Notwendigkeiten wie Krankenkasse, Bankkonto et cetera unter diesem Namen bestehen lassen. Seine italienische Adresse hatte er dann noch zusätzlich - quasi als Feriendomizil.
Zufrieden mit sich fuhr er zurück Richtung Italien, allerdings machte er noch einem Abstecher zum Bodensee.
Er besichtigte in Lindau einige Wohnungen und entschied sich für eine sehr schöne, kleine neu möblierte Wohnung mit großer Terrasse und Blick auf den See in einer kleinen, exklusiven Wohnanlage. Er eröffnet umgehend ein Konto bei der örtlichen Bank und meldete sich beim Einwohnermeldeamt an.
Damit war alles Erforderliche getan, um unauffällig das Leben als Peter Struwe in Deutschland weiter zu führen.

Auf den Hügeln von Andora

Auf dem Hügel von Andora genoss er seine neue Freiheit. Zuerst ließ er die alten Möbel und die veraltete Küche entfernen und richtete sich neu ein.
Er ließ aus einem Einrichtungshaus in Alassio einen Berater kommen, mit dem er gemeinsam die neuen Möbel aussuchte. Die neue Küche war ein Traum und auch die übrige Einrichtung des Hauses im mediterranen Stil sah umwerfend aus.
Er fühlte sich die erste Zeit einfach wunderbar und genoss meistens die Abende, wenn die Lichterketten der umliegenden Orte zu ihm hinauf strahlten. Besonders wenn der Mond sich auf dem Meer spiegelte, kam er sich wie im

Film vor. Es war einfach unglaublich schön hier am Meer. Glücklicherweise war das Haus auf einen Felsen gebaut, der im Keller im Heizungsraum noch zu einem beachtlichen Teil aus dem Boden ragte. Dieser Raum war von innen und außen begehbar und außen durch ein dickes Eisengitter gesichert. In diesem Raum schlug er selbst von Hand an nicht sichtbarer Stelle ein großes Loch in den Felsen, um dort einen Safe einzubauen. Diesen verstellte er dann mit einem Schrank, dessen Rückwand eine Schiebetür hatte. Hier bewahrte er sein übrig gebliebenes Bargeld auf, das sich natürlich durch den Hauskauf und den Wohnungskauf am Bodensee erheblich verringert hatte. Aber es war noch genug vorhanden, um gut davon leben zu können. Und außerdem machte er ja nach wie vor online Börsengeschäfte mit gutem Erfolg. Er war also recht zuversichtlich, dass er damit bis zu seinem Lebensende gut versorgt war.
Aber schon bald merkte er, dass ein Leben so ganz allein hier auf dem Hügel auf Dauer nicht sehr befriedigend war. Ihm fehlte die Gesellschaft anderer Menschen, anregende Gespräche und jemand, der sich um die täglichen Arbeiten in Haus und Garten kümmerte.
Auch hatte er Pläne mit dem Garten, der immer noch sehr dürftig bepflanzt war.
Als er das Haus vor gut einem halben Jahr gekauft hatte, war der Garten total verwildert und es war erstaunlich, dass der Gärtner doch noch einige Pflanzen zum Vorschein brachte. Aber wenn er die gepflegten Gärten auf seinem Hügel mit den tollen mediterranen Pflanzen sah, war es eine logische Schlussfolgerung für ihn, dass hier unbedingt etwas verändert werden musste. So vertiefte er sich in viele Gartenbücher, die er sich übers Internet von

Deutschland nach Italien bestellt hatte und studierte eifrig die Pflanzenwelt, und hier ganz besonders die mediterranen Gewächse. Er hatte nun ganz genaue Vorstellungen davon, wie sein Paradies aussehen sollte.
Es fehlte nur noch die Realisierung seiner Pläne, die er Schritt für Schritt umsetzen wollte und er hoffte, dass ihm Frau Ritter, die er übers Internet angeheuert hatte, dabei helfen würde.

Philipp begrüßt Ellen

Mit großer Verspätung kam Peter in Genua an und beeilte sich, zu dem vereinbarten Treffpunkt zu kommen. Schon von Weitem erkannte er Frau Ritter, die ihr Gesicht mit geschlossenen Augen genüsslich in die Sonne hielt. Er beobachtete sie eine Weile unbemerkt, bevor er sich ihr näherte.
»Nicht erschrecken, ich bin's«, sagte er deshalb behutsam und berührte sie dabei leicht an der Schulter.
Ellen schlug die Augen auf und konnte zuerst überhaupt nichts erkennen, da sie von der Sonne geblendet wurde. Sie hielt sich die Hand vor die Augen und schaute Peter mit ihren großen blauen Augen freundlich an.
»O, Herr Struwe, entschuldigen Sie, ich habe etwas gedöst. Die Sonne ist so herrlich!«
»Ich bitte Sie, ich muss mich entschuldigen. Aber die Zufahrt von der Autobahn war total verstopft. Deshalb konnte ich nur Schritt fahren. Ich hoffe, Sie haben sich nicht zu sehr gelangweilt.«
»Nein überhaupt nicht. Es ist sehr interessant hier, man kann so schön die verschiedenen Menschen beobachten.

Hier sind ja alle Nationalitäten versammelt. Und der Cappuccino schmeckt auch ausgezeichnet.«
Peter musterte sie nun aus der Nähe etwas genauer und war angetan von ihrer frischen, freundlichen Ausstrahlung. Ihre kurzen, blonden Locken erinnerten ihn etwas an Luisa und ihre blauen Augen sahen ihn neugierig an. Sehr sympathisch, sie sieht genauso aus wie auf dem Foto, das ich per E-Mail erhalten habe, dachte er und spürte, dass auch sie ihn eingehend musterte. Sie war so ganz anders als Silvia. Eine sehr sportliche und natürlich aussehende Frau ohne Schnörkel und wenig Make-up. Vielleicht ein paar Pfund zu viel, aber trotzdem sehr attraktiv. Ihre schlichte Kleidung war durchaus modisch und elegant und der ausgefallene Silberschmuck passte ausgezeichnet zu ihrem Stil.
Ellen errötete leicht unter seinem Blick und schaute nun etwas verlegen zur Seite auf ihr Gepäck.
»Ist das alles, was Sie dabei haben«, fragte Peter und deutete auf die zwei kleinen Koffer, die neben ihr standen.
»Ja, vorerst schon. Ich weiß ja nicht, ob bei uns die Chemie stimmt und ob ich und meine Arbeit Ihnen zusagen«, antwortete sie und lächelte ihn nun etwas selbstbewusster an.
»Möchten Sie eine ehrliche Antwort?«
»Unbedingt!«
»Also – mein erster Eindruck ist sehr positiv. Sie gefallen mir außerordentlich und ich denke, wenn auch ich Ihnen sympathisch bin, müsste es eigentlich mit uns beiden gutgehen.«
Sie lächelten sich beide an, denn auch Ellen war sehr von seiner Erscheinung angetan. So gut aussehend hatte sie sich Peter gar nicht vorgestellt und seine offene Art ge-

fielen ihr auch gut. Sie war doch erleichtert, dass er nicht unangenehm oder gar abstoßend auf sie wirkte, im Gegenteil, sie fand ihn sehr nett.
»Ich schlage vor, dass wir nicht über die Autobahn, sondern am Meer entlang zurückfahren. Da können Sie die Aussicht schon etwas genießen und auf dem Weg nach Hause werden wir bestimmt ein nettes Restaurant finden, in dem wir was Leckeres essen können.«
Ellen nickte zustimmend und freute sich schon auf die Fahrt, ganz besonders weil so ein herrlicher Tag war und sie sog die frische Meeresluft tief ein.

Ellen ist begeistert

Ellen war begeistert! Die Umgebung, das romantische Steinhaus, die Aussicht, der Garten - einfach alles gefiel ihr ungemein gut. Und der Hausherr war sehr bemüht, ihr es so angenehm wie möglich zu machen. Sie hatte ein schönes großes Zimmer mit einem fantastischen Meerblick. Es war geschmackvoll möbliert und es fehlt ihr an nichts.
So luxuriös hatte sie noch nie gewohnt! Auch das riesige eigene Bad mir allen Schikanen ließ keine Wünsche offen und sie fühlte sich wie eine Prinzessin.
Da Peter sie spüren ließ, dass der gesamte Haushalt, und ganz besonders der Küchenbereich, nun ihr Revier war, übernahm sie selbstbewusst diese Aufgabe und organisierte alles nach eigenen Vorstellungen.
Und Peter war sehr zufrieden mit ihren Veränderungen. Ja, er war geradezu glücklich, als sie ihm ein paar typisch deutsche Gerichte servierte, die er schon lange nicht mehr gegessen hatte.

Sie speisten zumeist auf der großen Terrasse, die sich direkt neben der modernen Küche befand. Man konnte eine große Schiebetür zur Terrasse hin öffnen und so auch an regnerischen Tagen wie im Freien sitzen. Die hohen Mauern, die das ganze Grundstück umgaben, erlaubten es, sich viel im Freien aufzuhalten, da sie den Wind abhielten, der vom Meer her manchmal doch recht heftig blies.
Eine breite Treppe führte vom Flur aus hinauf in das große Wohnzimmer, das wie ein Turmzimmer auf dem übrigen Gebäude thronte und einen 360°-Blick in die wunderschöne Landschaft bot. Besonders abends konnte man auf das Lichtermeer des Städtchens Laigueglia blicken, was einfach fantastisch aussah. Hier oben verbrachten sie meistens gemeinsam ihre Abende, schauten Fernsehen oder lasen ein Buch und hin und wieder spielten sie auch eine Partie Schach. Peter verbesserte Ellens Kenntnisse durch die Häufigkeit des Spiels immer mehr, sodass sie schon bald eine fast gleichwertige Gegnerin war. Es war ein langsames Herantasten beider an das Wesen des anderen und die anfängliche Sympathie und das Vertrauen wuchs und verstärkte sich von Tag zu Tag.
Ellen erspähte schon bald die schöne Tennisanlage ganz in der Nähe der Villa und überredete Peter, sich mit ihr auch sportlich etwas zu betätigen. Tennis hatte er schon lange nicht mehr gespielt. In seiner Jugend spielte er zwar in der Jugend-Mannschaft seines Vereins, aber das war schon über fünfzig Jahre her und deshalb nun eine große sportliche Herausforderung für ihn. Zuerst liehen sie sich fürs Erste die Schläger im Klubhaus aus. Aber schon nach den ersten Spielen machten sie sich gemeinsam auf nach Alassio, um sich in einem Sportgeschäft völlig neu einzukleiden und Tennisschläger und Bälle zu kaufen.

Von nun an gehörte das fast tägliche Tennismatch zu ihrem Alltag. Es machte beiden sehr viel Spaß und war ein harmonisches Kräftemessen, das stets mit einem kleinen Snack im Tennisklub abgeschlossen wurde.
Relativ schnell war man bereits zum Du übergegangen und für Ellen war es fast nicht mehr vorstellbar, jemals wieder hier wegzugehen. Sie war verliebt in die wunderschöne Gegend. Und, wie sie sich immer mehr eingestehen musste, entwickelten sich bei ihr aufwühlende Gefühle für Peter, die sie noch nicht so richtig einordnen konnte und erst einmal verdrängte. Es herrschte oft eine knisternde Stimmung zwischen ihnen. Dann spürte Ellen Peters Blicke und sah, wie liebevoll er sie manchmal ansah, sodass es ihr heiß den Rücken hinunter lief. Und sie selbst merkte auch, wie sehr sie ihm gefallen wollte.
Sie wählte sehr sorgfältig ihre Garderobe aus und schminkte sich – wenn auch dezent – so doch mit sehr großer Sorgfalt und schaute sich mehr als sonst prüfend im Spiegel an. Und was sie sah, gefiel ihr eigentlich ganz gut. Die Traurigkeit war aus ihrem Gesicht verschwunden und eine braun gebrannte, hübsche Frau im besten Alter schaute ihr im Spiegel entgegen. Nie hätte sie gedacht, dass sie nach der schlimmen Zeit nach Bertis Tod wieder so unbeschwert und glücklich leben konnte. Aber ich bin doch erst neunundvierzig Jahre alt, da kann das Leben doch noch nicht vorbei sein, dachte sie in solchen Momenten. Ich kann doch nicht bis in alle Ewigkeit trauern und allein bleiben.
Peter ging es nicht anders. Er fühlte sich wohl in ihrer Nähe, wie nie zuvor in seinem Leben. Wenn auch die Vergangenheit manchmal an ihm nagte und er sich in diesen Momenten am liebsten vor der Welt versteckt hätte. An

solchen Tagen quälte er sich nachts durch schlimme Träume und erwachte schweißgebadet mitten in der Nacht. Dann konnte er meistens lange nicht mehr einschlafen. So passierte es ihm hin und wieder, dass er nachts mit einem lauten Schrei aufwachte und er die Bilder seines vorgetäuschten Todes wieder vor Augen hatte. Seine Zweifel, ob er alles richtig gemacht hatte, nagten an ihm und er konnte sie einfach nicht abschütteln.
Es fiel ihm schwer, sich mit der Persönlichkeit Peters zu identifizieren, da sie so gar nicht seinem Naturell entsprach.
Ich heiße Peter Struwe und bin am 27.5.1945 in Landsweiler geboren. Von Beruf bin ich Schauspieler. Diese Sätze musste er sich wieder und wieder ins Gedächtnis rufen.
Aber Ellen mit ihrer Natürlichkeit, ihrer Freude am Leben und ihrem angeborenen Optimismus holte ihn schnell aus diesem Tief wieder heraus. Sie tat seiner geschundenen Seele gut und er bewunderte sie. Bewunderte ihre positive Einstellung zu allen Dingen und freute sich schon riesig auf das gemeinsame Projekt, den Garten neu zu gestalten. Auch Ellen war ein Gartenfan, wie er erfreut festgestellt hatte. Sie beugten sich beide oft über die Gartenskizzen, die sie sich auf einem großen Blatt Papier aufgezeichnet hatten. Gemeinsam wälzten sie Gartenbücher mit Porträts von mediterranen Pflanzen, für deren Bedürfnisse das Klima an der italienischen Riviera bestens geeignet war. Sie überlegten, welche Duftpflanzen sie in Nähe der Terrasse einpflanzen sollten, damit sie beim Essen deren unvergleichlichen Duft genießen konnten. Dann zeichneten sie ein, wo und was an anderen Stellen eingepflanzt werden sollte, verwarfen wieder einiges, bis sie endlich ein

zufriedenstellendes Resultat erzielt hatten, das ihnen beiden gefiel.
Peter freute sich über den Eifer, den Ellen bei den Planungen an den Tag legte. Ihre Wangen waren gerötet, wenn sie sich voller Begeisterung ereiferte und die Vorzüge der einzelnen Pflanzen vorlas. Penibel zeichnete sie an den vorgesehenen Stellen im Plan die Pflanzen ein und schrieb sie gleich in einer Einkaufsliste auf.
»Du wirst sehen Peter, hier wird ein Paradies entstehen!«, sagte sie voller Begeisterung und klatschte dabei in die Hände. »Es wird immer irgendetwas blühen.«
»Was würdet du denn zu einem Hund sagen?«, fragte Peter Ellen völlig unvorbereitet. Diese Frage beschäftigte ihn schon seit einiger Zeit, denn die Hügel hier oberhalb des Hauses luden geradezu dazu ein, längere Spaziergänge zu machen. Und ein Hund wäre eine Verpflichtung, auch wirklich die Wanderschuhe anzuziehen und raus zu gehen. In seiner Kindheit war immer ein Hund im Haus und in seiner Frankfurter Zeit war sein zeitaufwändiger Beruf dafür einfach ein Hindernis. Und Silvia hätte einen Hund ganz bestimmt abgelehnt. Sie war einfach keine Tierliebhaberin. Aber Ellen, davon war er überzeugt, könnte sich mit einem Hund bestimmt anfreunden. Deshalb wagte er diese Frage.
Und wie er es erwartet hatte, war Ellen begeistert. »Das fände ich ganz toll«, sagte sie spontan. »Bei dem Macchia-Gelände hier oberhalb mit den vielen Wegen, wäre es schön, spazieren zu gehen. Besonders wenn alles blüht und duftet. Und, wie ich gelesen habe, blühen hier die Myrten, Erdbeerbäume, Zistrosen, Mastixsträucher, Oleander, Thymian, Rosmarin, Ginster und Schwarzdorn nicht nur im Frühling, sondern auch im Herbst«,

schmunzelte sie beim sachkundigen Aufzählen der Pflanzen.
»Und an welche Rasse hast du gedacht?«
Peter lächelte sie glücklich an. »Na, ich hatte mich schon mal vorsichtig umgesehen. Was hältst du von einem ›Kleinen Münsterländer‹? Das sollen sehr anhänglich Hunde sein, die außerdem auch bildschön aussehen.«
Peter machte gleich seinen Computer an, gab als Suchwort ›Kleiner Münsterländer‹ ein und schon öffnete Google mehrere Auswahlmöglichkeiten und sie schauten sich verschiedene Homepages von Vereinen und Züchtern an. Einer war dabei, der ganz in der Nähe vom Bodensee seine Zucht betrieb. Dort wollte sich Peter mal nach einem Welpen erkundigen.

Einkauf in Pistoia

Nach einigen Recherchen im Internet entschieden sie sich für eine Reise nach Pistoia, einer kleinen Stadt in der Toskana. Dort gab es ein riesiges Angebot an Baumschulen. Man konnte zwar auch im Internet bestellen, aber sie wollten sich vor Ort die Pflanzen aussuchen, die sie sich bereits aufgeschrieben hatten. So konnten sie das Nützliche mit dem Angenehmen verbinden und sich auf der Fahrt die Toskana etwas näher anschauen.
Pistoia kannte Ellen noch nicht und sie freute sich riesig auf die Reise, die einige Tage dauern sollte, denn sie wollten nach dem Pflanzenkauf noch unbedingt Florenz besichtigen.
Die Fahrt führte sie wieder am Meer entlang. In Genua und La Spezia legten sie jeweils einen kurzen Zwischenstopp am Hafen ein und bestaunten die riesigen Schiffe,

die hier ankerten. Besonders beeindruckten sie die italienischen Kriegsschiffe, die im Hafen lagen. Dann fuhren sie weiter nach Pisa und besuchten den ›Schiefen Turm‹, der wirklich sehr schief in den Himmel ragte.
Ellen wollte auf keinen Fall auf den Turm hoch, ihr wurde vom Anblick schon schlecht und sie bewunderte den Mut der vielen Touristen, die relativ ungesichert nach oben kletterten.
Peter begrüßte das, denn dann musste er ihr seine eigene Schwäche nicht eingestehen, denn auch er war nicht schwindelfrei und schon vom schrägen Eingangsbereich wurde ihm ganz schlecht.
Das Wetter war herrlich. Peter fuhr langsam an der Küste weiter. Sie fuhren mit offenem Verdeck und durchquerten viele kleine Ortschaften mit tollen, blütenreichen Gärten. Die Düfte und die üppige Vegetation um sie herum waren berauschend.
An einem kleinen, teuren Restaurant an der Uferstraße hielt Peter an und lud Ellen zu einem köstlichen Mittagessen ein. Mit allem Drum und Dran, auch mit einem Glas Champagner.
»Das war ja ein tolles Festessen, ich kann kaum noch Luft holen«, meinte Ellen und hielt sich den Bauch fest. »So köstlich habe ich schon lange nicht mehr gegessen.«
»Ich muss dir auch was gestehen«, lächelte Peter verschmitzt. »Ich habe heute Geburtstag!«
»Warum hast du das nicht vorher gesagt, ich hatte ja keine Ahnung!«
»Wie solltest du auch, ich habe dir mein Geburtstagsdatum ja nicht gesagt, während ich deines natürlich von deiner Bewerbung her kenne«, sagte er grinsend.
»Wie alt bist du denn geworden?«

»Leider schon zweiundsechzig!«, lächelte er bedauernd und war sich der Lüge wohl bewusst, weshalb er auch leicht errötete.
»Das hätte ich nicht gedacht, du siehst wirklich jünger aus. Meinen herzlichen Glückwunsch!«
Ellen stand auf und umarmte Peter, der sie ebenfalls fest in seinen Armen hielt, vielleicht etwas länger als üblich, wie Ellen erfreut feststellte.
»Erzähl doch mal von dir - ich weiß eigentlich überhaupt nichts von deinem bisherigen Leben, während ich dir von mir fast alles erzählt habe.«
Ellen sah ihn dabei herausfordernd an. Vor dieser Frage hatte er sich immer schon gefürchtet.
»Tja, was soll ich sagen. Ich wurde am 27. Mai 1945 in Landsweiler im Saarland geboren. Ich bin vaterlos aufgewachsen. Mein Vater ist im Krieg gefallen und meine Mutter hat uns mehr schlecht als recht durch die Jahre geschleppt. Nach der Schule habe ich eine Schauspielausbildung gemacht, aber vielleicht hast du schon mal gehört, wie schwer es ist, als Schauspieler zu bestehen. Es gibt einfach zu viel Konkurrenz. Ich habe dann angefangen an der Börse zu spekulieren, wie du ja sicher schon gemerkt hast.«
Peter fühlte sich sehr unwohl bei seiner Schilderung. Er bemühte sich angestrengt, alle Daten, die er sich aus allen Unterlagen zusammengesucht hatte, aufzuzählen. Und die Erläuterung mit der Börse hatte er gleich mit angehängt, damit erst überhaupt keine Fragen zu seinen finanziellen Verhältnissen aufkamen. Denn dass die hervorragend waren, musste Ellen ja längst bemerkt haben. Er hatte sich im Haus ein Büro eingerichtet und arbeitete hier fast täglich als Day-Trader und hatte gute Erfolge vorzuweisen.

Das machte ihm Spaß, zumal er sich als früherer Profi ja bestens auskannte.
»Lebt denn deine Mutter noch?«, fragte Ellen nun interessiert.
Das brachte Peter erneut in Verlegenheit. Aus den Unterlagen in Bochum hatte er die Adresse der Mutter festgestellt und hatte ihr auch gleich eine größere Summe überwiesen, ohne ihr seine neue Adresse mitzuteilen. Diesen Kontakt wollte er auf jeden Fall vermeiden. Deshalb antwortete er ausweichend. »Weißt du, wir haben eigentlich keinen Kontakt. Es sind zu viele Dinge in der Vergangenheit passiert, über die ich nicht reden möchte. Ich überweise ihr allerdings regelmäßig Geld. Das magst du vielleicht verwerflich finden, aber das hat seinen Grund.«
Dass er diesen Grund eigentlich gar nicht kannte, erwähnte er natürlich nicht.
»Warst du schon einmal verheiratet?«
Peter schluckte.
»Nein, die richtige Frau habe ich nie gefunden.«
Ellen schaute ihn bedauernd an und spürte genau, dass das ein wunder Punkt bei Peter war und sie wollte auf keinen Fall zu neugierig erscheinen, schließlich war sie nur eine Angestellte. Mit einem tollen Job, wie sie sich zugestand. Das ganze Geld, das sie monatlich verdiente, und das war wirklich eine großzügige Summe, konnte sie sparen. Selbst die Tennisausrüstung hatte ihr Peter bezahlt. Und mehr konnte sie nicht verlangen - es ging ihr einfach großartig. Peter hatte ihr sogar angeboten, dass Anke und ihr Freund sie besuchen dürften. Das fand sie besonders nett von ihm. Platz war ja genug im Haus und die jungen Leute würden bestimmt sowieso am meisten unterwegs sein und zum Baden ans Meer gehen.

Sie hatte das Anke auch gleich gemailt und die freudige Zusage kam postwendend. Bei dieser Gelegenheit wollten sie und Robert auch gleich einige Sachen von Ellen mitbringen, die noch untergestellt waren.
Sie freute sich schon sehr darauf, ihre Tochter wiederzusehen. Immerhin war sie nun schon einige Monate hier an der Riviera und Anke fehlte ihr doch sehr.
»Bevor wir nach dem Essen hier noch einschlafen, sollten wir vielleicht weiter nach Pistoia fahren«, meinte Peter und rief den Ober zum Bezahlen. »Wenn wir alles eingekauft haben, fahren wir nach Florenz weiter. Ich habe uns schon Hotelzimmer mitten in der Stadt reserviert.«
»Vielen, vielen Dank Peter, das ist einfach unglaublich, was ich alles erleben darf.«
Ellen beugte sich im Auto nach dem Einsteigen zu Peter hinüber und legte ihre Hand auf die seine. Dabei schaute sie ihn strahlend an, sodass Peter schlucken musste. Am liebsten hätte er sie in den Arm genommen und geküsst. Diesen Gedanken hatte er schon eine ganze Weile im Kopf und verbot es sich aber, weiter so an sie zu denken. Aber das funktionierte nicht.
Immer wenn er in ihre Augen schaute, durchlief es ihn heiß und kalt und nur nachts im Bett ließ er es zu, dass er sie in Gedanken berührte und küsste. Aber gleichzeitig fühlte er sich schäbig. Er kam sich wie ein Betrüger vor, den er in Wirklichkeit ja auch war. Er gab sich für einen anderen aus, erzählte ihr Märchen über seine Herkunft, ja selbst sein wirkliches Alter wusste sie nicht. In Wahrheit war er vierundsechzig Jahre und war auch schon einmal verheiratet.
Wie sollte er das jemals Ellen anvertrauen können und was würde sie dann von ihm halten?

Pistoia selbst war eigentlich nicht besonders schön. Aber die vielen Gärtnereien waren schon beeindruckend. Fast bei jedem Haus stand ein Schild im Garten mit Pflanzenangeboten. Sie wussten aber ganz genau, welche Baumschule sie ansteuern sollten, da Peter sie angemeldet hatte und der Besitzer sie bereits erwartete.
Sie fuhren mit dem Pick-up des Gärtners hinaus auf die riesigen Felder seiner Baumschule und suchten sich vor Ort anhand ihrer Liste jede Pflanze einzeln aus. Viele von ihnen standen bereits in voller Blüte, sodass sie genau sehen konnten, welche Blütenfarbe und welchen Duft sie später erwarten würde. Der Patrone war sehr nett und gab ihnen viele wertvolle Informationen zu den einzelnen Gewächsen. Ganz besonders wussten sie es zu schätzen, dass er Deutsch sprach, was durchaus in Italien unüblich war. Aber da er viele deutsche Gärtnereien zu seinen Kunden zählte, hatte er in vielen Jahren die Sprache gelernt, wie er mit Stolz sagte. Ellen sprach er mit Signora Struwe an, was beide unwidersprochen zu einem Grinsen veranlasste. Sie vereinbarten eine zügige Lieferung nach Andora, damit sie schon bald mit der Gartengestaltung beginnen konnten. Eine Hilfskraft vor Ort hatten sie auch schon gefunden, da die großen Pflanzenkübel einfach zu schwer zu bewegen waren. Besonders die zwei großen Pinien standen in riesigen Töpfen vor ihnen und es war ihnen schleierhaft, wie sie diese Pflanzen jemals von Hand bewegen sollten.
In Florenz erwartete sie in der Stadtmitte ein relativ modernes Hotel. Peter hatte zwei Einzelzimmer gebucht, die nebeneinander lagen.
Das Einparken in die Hotelgarage war zwar mit einigen Schwierigkeiten verbunden, da die Fahrzeuge übereinan-

dergestapelt und mit einem Lastenaufzug bewegt wurden. Durch diesen Umstand bedingt, vereinbarten sie, dass sie auf das Auto in Florenz ganz verzichten wollten.
Sie bummelten völlig relaxt durch die größte Stadt der Toskana und besonders das historische Zentrum von Florenz begeisterte sie. Ellen war zum ersten Mal hier und wollte unbedingt die Uffizien und den Palazzo Pitti besuchen. Aber bereits jetzt Ende Mai war Florenz überschwemmt von Touristen, die in langen Warteschlangen vor den Eingängen der Museen standen, um die Kunst der vielen Maler und Bildhauer zu bestaunen.
»Lass uns das ein anderes Mal machen«, bat Peter. »Wir werden bestimmt nicht zum letzten Mal hier sein«, versprach er und Ellen fügte sich einsichtig, denn auch sie hatte keine Lust stundenlang in einer Schlange zu stehen. Stattdessen besuchten sie den ›Giardino di Boboli‹, einen der bekanntesten und größten italienischen Gärten aus dem 16. Jahrhundert, der sich direkt auf dem Hügel hinter dem Palazzo Pitti befand und sich abwärts Richtung Porta Romana erstreckte.
Die vielen Statuen und Grotten beeindruckten beide sehr und vieles war auch für ihre eigenen Planungen interessant.
Ellen saugte alle Eindrücke wie ein Schwamm auf und war restlos begeistert.
Peter, der schon öfter in Florenz war, ließ sich anstecken von ihrer Euphorie und freute sich darüber, ihr solch eine Reise ermöglicht zu haben.
Nach einem ausgiebigen Abendessen mit viel Wein liefen sie gut gelaunt und übermütig lachend zurück zu ihrem kleinen Hotel, das ganz in der Nähe vom Markt San Lorenzo lag. Hier fand noch zu dieser späten Stunde ein lau-

tes und hektisches Treiben statt. Viele Standbetreiber, die ihre Waren wieder unverkauft eingepackt hatten, zogen ihre Karren durch die engen Gassen und es machte dabei einen höllischen Lärm, wenn sie die Eisenräder über die gepflasterten Straßen zogen.
»Lass uns noch einen Absacker in meinem Zimmer trinken«, meinte Peter aufgeräumt und hielt seine Zimmertür auf. Man merkte ihm an, dass er ganz leicht beschwipst war und auch Ellen fühlte sich so leicht und beschwingt wie lange nicht mehr.
»Simsalabim!« Peter griff in seine Reisetasche und zauberte eine Flasche Rotwein heraus, die er hin und her schwenkte.
»Holst du bitte zwei Gläser von der Minibar«, wies er Ellen an, die ihm anerkennend zulächelte.
»Bitte sehr, der Herr«, sagte sie und hielt ihm die Gläser hin.
»Auf einen wunderschönen Ausflug mit einer bezaubernden Begleiterin«, prostete Peter Ellen zu, die darauf hin leicht errötete.
Und ehe sie sich versah, kam ihr Peter ganz nah und küsste sie unerwartet auf den Mund.
Ellen, die völlig überrascht ihr Glas weit ausgestreckt festhielt, umschlang ihn nun auch und küsste ihn zurück, was Peter erneut leidenschaftlich erwiderte.
»Was tun wir denn hier?«, war das Einzige, was Ellen noch flüstern konnte, bevor sie mit Peter rücklings auf das breite Bett fiel, um sich ihm zum ersten Mal völlig willenlos hinzugeben.

Die Nacht von Florenz

Ellen war am Morgen in Peters Armen aufgewacht und schaute den schlafenden Mann an ihrer Seite lange ziemlich verunsichert an.

Was, wenn dies alles nur aufgrund des hohen Alkoholkonsums stattgefunden hatte. Was, wenn es für ihn nicht so viel bedeutete wie für sie. Schließlich war sie ja nur seine Angestellte und gefährdete womöglich durch so eine Sache ihren Job. Nicht auszudenken wäre das. Sie war so glücklich heute Nacht. So glücklich wie schon sehr, sehr lange nicht mehr. Was, wenn das alles wie eine Seifenblase zerplatzt?

Peter öffnete langsam die Augen, gähnte ausgiebig und streckte seine Arme in die Luft.

»Welch wundervoller Morgen«, rief er aus und zog sogleich Ellen stürmisch zu sich herüber.

»Wie hast du geschlafen, meine Liebste?«

Mit diesem Satz verflogen urplötzlich all ihre Ängste und Überlegungen und sie schmiegte sich zärtlich in seine Arme.

»Wie im Himmel«, antwortete sie und Peter beugte sich über sie und küsste sie leidenschaftlich.

»Entschuldige bitte, das musste jetzt sein, obwohl ich mir noch nicht die Zähne geputzt habe und mein Knoblauchgeschmack bestimmt nicht so lecker ist«, frotzelte er. Dabei umklammerte er sie noch fester, sodass sie spüren konnte, dass seine Leidenschaft neu entfacht war und sie konnte es nicht abwarten, ihn erneut ganz in sich zu spüren.

Auf der Heimfahrt schaute Ellen immer verstohlen zu Peter hinüber, der konzentriert auf der stark befahrenen Uferstraße in Richtung Andora zurückfuhr. Er spürte ihre

Blicke ganz genau und grinste spitzbübisch immer wieder zurück.
Sie konnte ihr Glück nicht fassen, zu überwältigt war sie von ihren Gefühlen. Als Peter seine Hand auf ihren Schenkel legte, nahm sie sie hoch und küsste jeden Finger einzeln.
Bevor Sie nach Hause fuhren, gingen sie noch im Supermarkt einkaufen, damit sie am Abend nicht wieder ins Restaurant mussten. Ellen wollte für sie beide ein klassisches deutsches Gericht kochen, das Peter sich gewünscht hatte.
»Bitte, mach uns doch mal ›Frankfurter grüne Soße‹ nach Goethes Rezept. Das habe ich gefühlte hundert Jahre nicht mehr gegessen. Die Kräuter müssten wir doch auch hier bekommen«, hatte er sie zuvor gebeten.
Doch das war gar nicht so einfach. Sie mussten einige Läden abklappern, bis sie einigermaßen die Kräuter beisammen hatten, aber die erforderlichen sieben Kräuter waren es leider nicht - es fehlte die Pimpinelle, die keiner der Gemüsehändler kannte. Egal, es ging auch mit sechs Kräutern und Peter freute sich schon diebisch auf das Essen.
»Das hat meine Mutter im Frühling oft für uns gekocht. Dazu gab's auch noch Tafelspitz. Das war schon immer mein Lieblingsgericht.«
Ihm lag schon auf der Zunge zu sagen, dass Silvia ihm diese Köstlichkeit nie gekocht hatte. Zum Glück konnte er das gerade noch hinunterschlucken. Aber Ellen sah ihn schon fragend an.
»Was wolltest du noch sagen?«
»Nur dass mir das Wasser schon im Mund zusammen läuft.«

Frau Beringer sucht Herrn Struwe

Renate Beringer, die das gesamte Vermögen von ihrer Tante Eleonore Grütter geerbt hatte, wartete gespannt auf den Anruf ihres Privatdetektivs Richard Kleve, der ihr heute seine Recherchen mitteilen wollte. Er tat am Telefon sehr geheimnisvoll, aber er war eh ein sehr sonderbarer und etwas schmieriger Kauz in ihren Augen. Er konnte keinen Satz ohne »Äh's, Mmh, So« sagen, sodass es immer dauerte, bis er endlich zur Sache kam. Das nervte Renate schon sehr, denn sie war nicht die Geduldigste. Aber was soll's, sie wollte ihn ja nicht heiraten, sondern nur erfahren, wohin dieser ominöse Herr Struwe abgetaucht war, der ihre Tante – und damit sie als Erbin – um ein schönes Sümmchen betrogen hatte. Aus den Kontoauszügen ihrer verstorbenen Tante konnte sie ersehen, dass sie ihm nach und nach über zweihunderttausend Euro überwiesen hatte. Bestimmt war das doch kein Geschenk gewesen, sondern ein Kredit, da war sich Renate ziemlich sicher.

Sie hatte nur noch keinen Beweis dafür gefunden. Aber wie sie ihre Tante kannte, war die in solchen Dingen sehr genau. Sie selbst wollte von ihr mal fünftausend Euro ausleihen, weil sie wieder einmal finanziell in der Klemme steckte. Was war das für ein Prozedere damals, bis sie endlich das Geld bekommen hatte! Es hätte nur noch gefehlt, dass ihre Tante auch noch einen Notar hinzugezogen hätte. So pingelig war sie in Geldangelegenheiten. Sie musste einen Schuldschein unterschreiben mit drei Kopien und alle handgeschrieben unterzeichnen. Eine für sie, zwei für die Tante. Deshalb war sie ziemlich sicher, dass irgendwo noch so ein Schuldschein von diesem Peter Struwe versteckt sein musste. Aber wo?

Ein bitterböses Schreiben hatte sie gleich nach dem Tode und dem Sichten der Unterlagen an Herrn Struwe geschickt, aber bisher keine Antwort erhalten. Das war für sie bereits wie ein Schuldanerkenntnis. Und seither war dieser besagte Herr Struwe auch noch verschwunden. Das war schon sehr merkwürdig. Der Polizei hatte sie das bereits alles erzählt und wollte eigentlich Anzeige erstatten. Die hatten sie sogar extra ins Präsidium bestellt, weil zuerst wohl einiges mit dem Unfall unklar war. Aber schon bald hatten sie die Sache zu den Akten gelegt, weil ermittelt wurde, dass ihre Tante an dem Unglückstag zu tief ins Glas geschaut hatte. Es wurde festgestellt, dass sie genau an der Treppenstufe gestolpert war und dadurch die Treppe hinunterstürzte. Und Anhaltspunkte für eine Anzeige seien auch nicht vorhanden, meinten sie. Aber sie brauchte das Geld für ihre neue Boutique. Und zwar dringend, sonst würde sie demnächst ihre Miete nicht mehr bezahlen können. Deshalb hatte sie diesen dubiosen Privatdetektiv engagiert. Eigentlich hatte sie auch dafür kein Geld. Aber er arbeitete zum Glück für eine kleine Anzahlung und erhielt ein gutes Erfolgshonorar.
Bestimmt gab es viel bessere Detektive als ihn, aber die konnte sie sich schon gar nicht leisten. Und leider war das viele Geld, das sie geerbt hatte, wie ein Sandsturm verflogen. Zuerst hatte sie davon bei ihrer Bank den eigenen Kredit abgelöst und dann musste sie auch noch für die Schulden, die ihr geliebter Ex-Mann hinterlassen hatte, aufkommen. Dumm und verliebt, wie sie damals war, hatte sie für ihn auf der Bank für eine angeblich total sichere Investition gebürgt. Aber schon bald stellte sich das als gewaltiger Fehler heraus. Nachdem sie ihren Mann in flagranti mit einer anderen erwischt hatte, folgte die

Scheidung vor zwei Jahren. Und als er seinen Kreditverpflichtungen nicht mehr nachkommen konnte, kam die Bank auf sie zu und wollte doch tatsächlich den gesamten Kredit von ihr zurückhaben.
So kam ihr der Tod der Tante gerade recht. Zu ihr hatte sie in der Vergangenheit schon immer ein angespanntes Verhältnis. Ihre Tante meinte sogar einmal arrogant zu ihr: »Du störst meine Kreise!« Damit meinte sie eindeutig, dass sie keinen Kontakt zu ihr wünschte. Sie war wohl unter ihrem Niveau! Pah! Diese alte Ziege hat ja nun, was ihr zusteht, dachte sie höhnisch. Erst beerbt sie ihren reichen, viel älteren Unternehmer und dann sucht sie sich diesen viel jüngeren Liebhaber, der sie natürlich abzockt! Ekelhaft!
Aber was soll's - ich habe von ihr profitiert. Zum Glück hatte sie keine Kinder, sonst wäre ich ganz schön in der Klemme.
In das schöne, große Haus ihrer Tante war sie selbst eingezogen. Damit sparte sie sich ihre bisherige Miete. Für das restliche Geld hatte sie eine Boutique in bester Lage angemietet und vollständig neu eingerichtet. Fast das ganze Geld ging dafür drauf. Deshalb war sie nun ganz versessen darauf, von diesem ominösen Herrn Struwe die zweihunderttausend Euro zurückzuerhalten. Die Kosten für das Haus und für den gestiegenen Lebensunterhalt waren doch sehr in die Höhe geschnellt. Schließlich gehörte sie jetzt auch etwas zu den besseren Kreisen und von ihrem Ex bekam sie bestimmt keinen Cent zurück. Sobald sie die Adresse dieses Peter Struwe erfuhr, würde sie ihn aufsuchen und das Geld zurückfordern. Aber zuerst musste sie sich mal wieder ihre tägliche Insulinspritze verabreichen. Sie prüfte ihren Pen und klopfte eventuelle

Luftblasen nach oben. Dann stellte sie zwei Einheiten ein, schob ihre Bluse nach oben und verpasste sich ihre zweite Tagesration.

Ellen bekommt Besuch

Ellen saß völlig entspannt auf der großen Terrasse und schaute zufrieden in den neu angelegten Garten. Er war wirklich toll geworden.

Peter und sie hatten überwiegend große Pflanzen in Pistoia ausgesucht, sodass es bereits üppig im Garten blühte und grünte und sie nicht erst noch viele Jahre warten mussten, bis sich die wahre Pracht der Pflanzen zeigte. So konnten sie schon in diesem Sommer die tollen Bougainvilleen in verschiedenen Farben genießen, die sich bereits an den Steinmauern hoch schlängelten. Dafür hatten sie extra Pflanzengitter anbringen lassen und die Gehölze festgebunden. Am schönsten aber waren im Momente die großen Oleanderbüsche in Weiß und Rosa, die über und über mit Blüten übersät waren. Und die hohen, schlanken Zypressen verliehen ihrem Garten erst das richtige mediterrane Flair.

Ellen atmete tief den Duft des Gartens ein und wollte sich gerade einen Kaffee holen, als die große Glocke am Gartentor heftig geschüttelt wurde. Wer mag das wohl sein, fragte sie sich, denn sie erwartete niemanden. Ellen musste zuerst das Zwischentor zur Haustür zumachen, damit ihr kleiner Welpe Bobby, den Peter von seiner letzten Deutschlandreise mitgebracht hatte, nicht mit nach vorne zum Gartentor laufen konnte. Durch das Gitter konnte er ohne Weiteres entwischen. Und das war auch schon ein paar mal unbemerkt passiert. Was zur Folge

hatte, dass Peter und sie fürchterlich lange und aufgeregt in dem riesigen Macchia-Gestrüpp nach ihm suchen mussten, bis sie ihn endlich wieder aufgespürt hatten.
Der kleine Kerl war bereits vor zwei Wochen bei ihnen eingezogen und sehr unternehmungslustig. Man durfte ihn nicht aus den Augen lassen, denn an Einfällen mangelte es ihm nicht. Einige Schuhe mussten schon daran glauben, ganz zu schweigen von den vielen Kleidungsstücken, die er alle sorgfältig zerkleinerte. Aber man musste ihm einfach alles verzeihen, er war wirklich zu niedlich. Ein knuddeliger, kleiner Rüde, erst zwölf Wochen alt und ständig auf Entdeckungsreise in Haus und Garten.
Vor dem Tor stand eine etwas dickliche, brünette Dame mittleren Alters in äußerst eleganter Aufmachung. Ihr Fahrzeug mit deutschem Kennzeichen stand mit laufendem Motor und geöffneter Tür mitten auf der engen Straße.
»Wohnt hier ein Peter Struwe?«, fragte sie freundlich.
Als Ellen dies bejahte, ging sie zurück zu ihrem Fahrzeug und wollte den Motor abstellen.
»Sie müssen ihr Fahrzeug in die kleine Parkbucht fahren, denn gleich kommt die Müllabfuhr«, deutete Ellen in Richtung eines kleinen Parkplatzes direkt am Gartenzaun.
»Hängen deshalb hier an den Zäunen immer so viele Plastiktüten?«, fragte die Deutsche interessiert zurück.
»Ja, das ist hier so üblich. Man hängt seinen Müll einfach ans Gartentor und die Müllabfuhr fährt täglich mit einem kleinen Müllfahrzeug hier durch die Straßen und sammelt alles ein. Das ist bei diesem Klima hier auch am besten so und für uns sehr praktisch«, erklärte Ellen.
Nach einigen schwierigen Lenkversuchen und vielem Vor- und Zurückfahren schaffte es diese Dame endlich ihr

Fahrzeug so zu parken, dass die Müllabfuhr durchkam.
»So, da wäre ich ja hier bei Ihnen richtig«, sagte sie etwas gestresst. »Puh ... ganz schön schweißtreibend«, seufzte sie erst einmal. »Ich hätte gern Herrn Struwe persönlich gesprochen. Sind Sie seine Frau?«, erkundigte sie sich nun neugierig.
»Nein, ich bin die Haushälterin«, antwortete Ellen freundlich zurück und fragte sich schon, wer diese unglaublich herausgeputzte, viel zu stark geschminkte Dame wohl sein mag.
»Es tut mir leid, aber Herr Struwe befindet sich in seiner Wohnung in Deutschland. Er kommt erst übermorgen wieder.«
Renate Beringer machte ein enttäuschtes Gesicht. So, so, auch noch eine Wohnung in Deutschland hat der Herr. Dem scheint es ja besonders gut zu gehen. Und das Haus hier ist auch nicht von schlechten Eltern, taxierte sie das Anwesen und schaute Ellen herausfordernd an.
»Mein Name ist Renate Beringer. Sie müssen wissen, Herr Struwe schuldet mir eine Menge Geld, das ich mir wieder holen möchte und so luxuriös wie es hier aussieht, dürfte das für ihn ja auch kein Problem sein.«
Ellen schaute sie ziemlich erstaunt an. Sie wollte jetzt auf keinen Fall etwas Falsches sagen, denn besonders sympathisch sah die Dame nun nicht gerade aus. Und dass Peter irgend jemanden Geld schulden sollte, fand sie doch etwas merkwürdig. Deshalb antwortete sie äußerst vorsichtig:
»Dazu kann ich ihnen überhaupt nichts sagen. Ich weiß nur, dass Herr Struwe erst übermorgen wieder zurückkommt. Vielleicht kommen sie dann noch einmal vorbei.«
»Ja, das wird am besten sein. Darf ich bitte mal ihre Toi-

lette benutzen?«, fragte Renate. Freilich auch mit der Absicht, das Innere des Hauses etwas näher zu inspizieren.
»Ja, natürlich - kommen Sie herein!«
Ellen öffnete das schmiedeeiserne Tor und ließ Frau Beringer eintreten.
Es dauerte ziemlich lange, bis sie von der Toilette wieder zurück auf die Terrasse kam.
Sie hatte sich zwischenzeitlich unbemerkt voller Neugier etwas umgesehen und festgestellt, dass hier alles vom Feinsten war. Damit dürfte die Aussicht auf eine Rückgabe des Geldes doch etwas realistischer sein, dachte sie.
»Darf ich Ihnen vielleicht einen Kaffee anbieten?« Ellen wollte nicht unhöflich erscheinen. Schließlich kam die Dame aus Deutschland angereist und was wusste sie denn schon. Vielleicht war sie für Peter wichtig. Es konnte sich doch nur um etwas Geschäftliches handeln.
»Sehr gern«, antwortete Renate und schon setzte sie sich in einen der bequemen Sessel auf der Terrasse und streichelte den herbei geeilten Bobby, der sich bereits an ihren Schuhen zu schaffen macht.
»Lass das, Bobby!«
Ellen schob den kleinen Hund mit dem Fuß vorsichtig etwas beiseite und lenkte ihn mit einem Spielzeug ab.
»Sie haben wohl geschäftlich mit Peter, ähm Herrn Struwe, zu tun?«
Ellen fragte bewusst wie beiläufig, als sie die Kaffeetassen abstellte, denn etwas neugierig war sie schon.
»Wie man's nimmt. Herr Struwe hatte ein Verhältnis mit meiner verstorbenen Tante, die ihm zweihunderttausend Euro geliehen hat. Und die hätte ich als Erbin gern wieder zurück.«

Ellen wusste zunächst überhaupt nicht, was sie sagen sollte. Ihr blieb förmlich der Mund offen stehen. In Anbetracht des Alters von Frau Beringer, die so um die Fünfzig sein musste, rechnete sie sich das ungefähre Alter der Tante aus. Aber sicherheitshalber fragte sie aus reiner Neugier nun doch. »Wie alt war ihre Tante denn?«

»Meine Tante war bereits dreiundsiebzig Jahre alt, als sie die Kellertreppe hinunter fiel. Sie soll sehr angetrunken gewesen sein, wissen Sie. Keiner weiß genau, wie es überhaupt passiert ist.«

Das sagte sie so vieldeutig, dass man alles Mögliche vermuten konnte und Ellen war umso mehr bestürzt.

Was hatte das alles zu bedeuten? Ihre Neugier war nun voll erwacht und sie fragte deshalb ungeniert nach weiteren Einzelheiten.

Das kam Renate sehr gelegen. Im Tratschen war sie schon immer eine Meisterin und in diesem Fall lag es ihr ganz besonders am Herzen. Denn je mehr dieser brave Herr Struwe in Verlegenheit kam, je schneller und sicherer würde sie ihr Geld zurückbekommen.

So erzählte sie in allen Einzelheiten von den Ermittlungen, die ihr Privatdetektiv für sie eruiert hatte und auch davon, dass ihre Tante nicht die einzige Affäre von Herrn Struwe war.

Nein, im Gegenteil, es waren schon einige Damen vorher von ihm ausgenommen worden, wie sie sich ausdrückte. Und in allen Fällen hatte er sich ohne Konsequenzen bereichert.

Ellen war entsetzt über das Gehörte. Sie war völlig erschüttert und brauchte unbedingt auf den Schreck einen Cognac.

»Ich nehme auch gern einen«, flötete Frau Renate zufrieden darüber, dass sie ihr Gegenüber völlig verunsichert und ihr die Augen geöffnet hatte.
»Sind Sie denn bei ihm angestellt und hat er auch immer Ihr Gehalt bezahlt?«, fragte sie hinterlistig, denn es würde sie nicht wundern, wenn er die nette Frau auch ausnehmen würde.
Ellen hatte nun genug gehört. Sie war schockiert und ihr war die Anwesenheit dieser penetranten Frau nur noch lästig. Sie wollte einfach nur noch allein sein und darüber nachdenken, was das alles zu bedeuten hatte.
Kaum hörte sie den Wagen fortfahren, war es mit ihrer Selbstbeherrschung vorbei und Tränen rannen unaufhaltsam an ihren Wangen hinunter.
Sie rannte in ihr Zimmer und warf sich weinend aufs Bett. Alles was sie gehört hatte, schwirrte nun ungefiltert durch ihren Kopf und sie war zu keinem klaren Gedanken mehr fähig.
Sollte das Ganze etwa bedeuten, dass Peter ein Gigolo war, der sich an alleinstehenden älteren Frauen bereicherte? Ja vielleicht ein Heiratsschwindler? Hatte er daher sein ganzes Vermögen? Und welche Rolle spielte sie in diesem Spiel. Wollte er etwa auch sie um ihre paar Kröten bringen. Schließlich hatte sie ihm erzählt, dass sie noch fünfzigtausend Euro vom Hausverkauf auf ihrem Konto hatte.
Ein Karussell von Fragen drehte sich in ihrem Kopf in einer atemberaubenden Geschwindigkeit, sodass ihr schon ganz schwindelig wurde. Hatte Peter sie ausgenutzt und ihr Vertrauen missbraucht? Liebte er sie überhaupt? Das waren die wichtigsten Fragen, die sie morgen schon von ihm beantwortet haben wollte.

Am besten wäre es, wenn sie gleich ihre Sachen packen und abreisen würde. Aber ein kleiner Funken Hoffnung keimte doch noch in ihr, dass sich vielleicht alles in Luft auflösen würde. Wer war diese Frau Beringer denn überhaupt? Vielleicht war sie eine Lügnerin und hatte ihr Märchen erzählt. Nein, ich muss Peter noch die Chance für eine Erklärung geben, dachte sie, bevor sie völlig erschöpft, mit einigen Cognacs zu viel und mit Bobby in den Armen einschlief.

Frau Behringer mietet ein Ferienhaus

Renate Beringer war enttäuscht darüber, dass sie Peter nicht angetroffen hatte. Sie hatte sich alle Argumente schon mehrfach zurechtgelegt, mit denen sie erreichen wollte, auch ganz bestimmt an ihr Geld zu kommen. Gedankenversunken fuhr sie hinunter nach Andora, um sich im Tourismusbüro nach einem kleinen Ferienhaus mit Meerblick zu erkundigen.
Sie fand die Gegend hier wunderschön, das Wetter war herrlich und ein paar Ferientage konnte sie auch gut gebrauchen, nach all den Aufregungen der letzten Wochen. Im Tourismusbüro vermittelte man ihr ein wunderschönes kleines Steinhäuschen direkt am Meer. Sie bezahlte im Voraus und erhielt auch gleich den Hausschlüssel und eine Zeichnung mit genauer Wegstrecke. Sie freute sich auf ein paar Tage in südlicher Sonne und fuhr beschwingt mit laut aufgedrehtem Radio zu den Klängen Puccinis vor dem kleinen Ferienhaus vor.
Dabei bemerkte sie nicht den alten Opel mit deutschem Kennzeichen, der ihr unauffällig bis fast zum Haus gefolgt war. In ihm saß der von ihr beauftragte Detektiv Richard

Kleve, dem sie, nachdem er Peters Adresse ausfindig gemacht hatte, den Auftrag wieder entzogen hatte. Damit wollte er sich jedoch nicht zufriedengeben. Zu viel hatte er über diesen Peter Struwe bei seinen Recherchen herausgefunden. Da musste doch noch mehr zu holen sein, als das erbärmliche Honorar, das er von dieser arroganten Ziege erhalten hatte. Und Geld stinkt bekanntlich nicht! Er brauchte unbedingt wieder etwas mehr davon auf seinem Konto, schließlich wollten seine Spielschulden bedient werden.
Als er vom Auto aus sah, dass sich Frau Beringer gemütlich auf einer Liege auf der Terrasse des Hauses ausgestreckt hatte, fuhr er langsam weiter zum nächsten Hotel und checkte sich dort ein. Gleich morgen früh wollte er wieder nachsehen, wie die Sache weiterging.

Peter und die Beerdigung

Peter saß regungslos in seiner Wohnung am Bodensee und starrte gedankenverloren auf das Schreiben in seiner Hand, das ihm heftige Bauchschmerzen bereitete. Was sollte er nur tun? Das Amtsgericht Bochum hatte ihn als Sohn von Else Struwe wohl anhand seiner monatlichen Überweisungen und der polizeilichen Anmeldung in Lindau ermittelt und teilte ihm mit, dass er sich unbedingt melden solle. Seine Mutter sei verstorben und er müsse sich wegen der Beerdigung und dem Nachlass mit ihnen in Verbindung setzen.
Nach längerem Abwägen entschloss er sich, beim Amtsgericht anzurufen. Dort nannte man ihm das Bestattungsunternehmen, das seine Mutter abgeholt hatte und er notierte sich die Telefonnummer.

Er konnte sich doch unmöglich bei der Beerdigung sehen lassen, das war ihm wirklich zu riskant. Aber beim Amtsgericht musste er wohl persönlich erscheinen und alles mit dem Nachlass regeln.
»Verdammter Mist«, rief er in das fast leere Zimmer seiner kleinen Wohnung am See. Müde und abgespannt fuhr er sich durch seine derzeit etwas längeren Haare. Nahezu regungslos saß er eine Zeit lang auf seinem kleinen Sofa und grübelte, wie er aus dieser Situation am besten wieder heil heraus kam. Wo bist du nur hineingeraten? Und wohin führt mich das alles noch? Es gab Momente, in denen er nur zu gern sein früheres Leben zurückbekommen hätte. Denn allzu oft fühlte er sich wie verfolgt und beobachtet.
Häufig bildete er sich ein, dass fremde Menschen ihn prüfend ansahen. Dieses mulmige Gefühl der Unsicherheit kannte er in letzter Zeit nur allzu gut und es war nicht vergleichbar mit seinem vorherigen Leben, in dem er vor Selbstsicherheit nur so strotzte. Sein Magen meldet sich wieder mit heftigem Ziehen. Deshalb überbrühte er sich, wie so oft in letzter Zeit, einen Magentee, lehnte sich zurück und dachte weiter nach.
Nach wenige Minuten traf er spontan eine Entscheidung und rief zuerst einmal das Bestattungsunternehmen an. Es meldete sich die Ehefrau des Bestatters, die offensichtlich alles Organisatorische managte. Er vereinbarte einen Termin für den nächsten Nachmittag. Dort wollte er dann alles Weitere mit ihr absprechen. Klar war schon einmal, dass seine imaginäre Mutter verbrannt werden sollte und die Urne in dem vorhandenen Familiengrab, von dem er bei dieser Gelegenheit auch erfuhr, bestattet werden sollte. Das hatte seine Mutter bereits zu Lebzeiten mit dem Be-

stattungsunternehmen vereinbart. Wie sie auch alle weiteren Detail zu Lebzeiten mit dem Institut abgesprochen hatte.
Das ist ja bestens, dachte er. Die Dame hat wohl gewusst, dass ihr Sohn sich nicht um ihre Beerdigung kümmern würde. Aber was war mit der Schwester, mit der sie zusammen gelebt hatte?
»Die Schwester Ihrer Mutter ist bereits vor gut einem Jahr verstorben«, beantwortete die Dame am Telefon seine vorsichtige Nachfrage. »Die Bestattung wurde auch von unserem Institut durchgeführt. Ihre Tante hatte ein Familiengrab, das ihre Mutter nach ihrem Tod verlängert hat. In diesem Familiengrab wollte ihre Frau Mutter auch bestattet werden!«
Man merkte an ihrem pikierten Tonfall, dass sie von der Tatsache, dass Peter sich bisher nicht um seine familiären Angelegenheiten gekümmert hatte, nicht gerade angetan war.
Das war ihm jedoch egal. Peter fiel ein Stein vom Herzen. Also gab es niemanden in der Familie, der ihn vielleicht noch von früher her kannte. Das war ja bestens. Er wollte diese leidige Angelegenheit schnellstmöglich hinter sich bringen.
Am anderen Tag brach er schon früh nach Bochum auf. Vorher rief er noch bei Ellen an, um ihr seine Verspätung mitzuteilen, die sich zu seinem Erstaunen sehr reserviert anhörte und äußerst wortkarg antwortete. »Ellen hast du was?«, fragte er deshalb besorgt.
»Kommt darauf an«, antwortete sie rätselhaft. »Ich hatte heute Besuch von einer Frau Beringer, der Nichte von einer Frau Grütter. Du wirst schon wissen, worum es sich handelt. Aber darüber reden wir, wenn du wieder hier

bist«, sagte sie kurz angebunden und legte, ohne seine Antwort abzuwarten, den Hörer auf.
Was hatte das denn zu bedeuten? Wer ist denn Frau Grütter? Peter dachte angestrengt darüber nach, wo er diesen Namen schon einmal gehört oder gelesen hatte. Irgendwie kam er ihm bekannt vor, er wusste nur noch nicht woher. Seltsam berührt und mit einem unguten Gefühl im Magen fuhr er weiter Richtung Bochum, um die schwierige Angelegenheit zu einem Abschluss zu bringen.
Beim Amtsgericht musste er sich erst einmal bei einem Sicherheitsbeamten am Empfang anmelden. Man konnte nur kontrolliert das Amt betreten, da in der Vergangenheit schon einige Bombendrohungen, die sich zum Glück als fake herausgestellt hatten, eingegangen waren. Er musste auf simplen Holzbänken Platz nehmen, bis er endlich zur Sachbearbeiterin vorgelassen wurde. Nach Abgleich seiner Daten und Einsicht in seinen Personalausweis, wurde ihm eröffnet, dass seine Mutter nur noch wenige Euro auf ihrem Konto hatte. Man sagte ihm, dass er das Konto auflösen könne und dass kein weiteres Vermögen vorhanden sei. Nun gestand er der Beamtin, dass er kaum Kontakt zu seiner Mutter gehabt hatte und somit auch gar nicht wisse, was weiter zu tun sei. Sie empfahl ihm, mit dem Vermieter Kontakt aufzunehmen und die Wohnung aufzulösen. Die Anschrift konnte sie ihm anhand der Unterlagen mitteilen. Der Vermieter habe auch bereits beim Gericht nachgefragt, wann er wieder über die Wohnung frei verfügen könne. Erbschaftssteuer würde keine anfallen. Die Angelegenheit wäre damit seitens des Amtsgerichts abgeschlossen.
Erleichtert darüber, dass hier alles unproblematisch für ihn abgelaufen war, verließ er das Amtsgericht. Jetzt

wollte er sofort zu seinem Termin beim Bestattungsunternehmen fahren.
Sein Navi geleitete ihn sicher zu der eingegebenen Adresse. Dort traf er die Dame, mit der er telefoniert hatte, in ihrem Büro an und sie kam ihm mit ausgesteckter Hand entgegen.

Bei der Pietät

»Schön, dass Sie da sind. Herr Struwe. Ihre Cousine ist auch anwesend. Sie wollte bei der Besprechung mit dabei sein. Das ist Ihnen doch recht?«, fragte sie ihn bei der Begrüßung.
Peter sackte bei diesen Worten das Herz in die Hose. Er wurde bleich. Sein Puls beschleunigte sich schlagartig und er spürte wie sein Herz raste.
Um Gotteswillen, was hatte das nun wieder zu bedeuten, fragte er sich völlig konsterniert. Wie sollte er sich nur verhalten.
Schwer atmend und nervlich total angespannt folgte er der Bestatterin in das Besprechungszimmer. Dort erwartete ihn eine gepflegte Dame etwa in seinem Alter, die ihn prüfend und sehr reserviert musterte.
»Hallo Peter, lange nicht gesehen. Erkennst du mich denn überhaupt noch?«
Peter geriet ins Stottern. Spontan dachte er sich eine Geschichte aus, mit der er sich etwas aus der Affäre ziehen konnte.
»Äh, also ich hab seit einiger Zeit große Probleme mit Namen, weißt du. Ich hatte einen Schlaganfall und habe dadurch viele Dinge aus meinem Gedächtnis verloren. Ganz besonders Namen und Ereignisse. Ich bin froh, dass

ich schon wieder so einigermaßen auf den Beinen bin. Ich bitte deshalb um Nachsicht.«
Nachdem er diese Lüge doch ziemlich cool über die Lippen gebracht hatte, atmete er tief durch. Er hoffte innigst, dass er bei seiner ihm unbekannten Cousine aufkommende Zweifel an seiner Person damit weggewischt hatte. Sie sah ihn nun schon etwas freundlicher an und ein zaghaftes Lächeln umspielte ihren Mund.
»Das erklärt vielleicht schon einiges«, meinte sie. »Ich heiße übrigens Doris Bayer. Und meine Mutter hieß Else Brunner - vielleicht erinnerst du dich?«, sagte sie nun breit grinsend. »Ich habe mich nämlich schon sehr gewundert, dass du dich überhaupt nicht mal gemeldet und auch auf die Todesanzeige meiner Mutter nicht reagiert hast. Das fanden wir alle schon sehr merkwürdig, trotz aller Probleme zwischen deiner Mutter und dir.«
»Ich lebe schon seit einiger Zeit im Ausland. Dort hatte ich auch den Schlaganfall - vor gut einem halben Jahr«, log er weiter.
»Toll fand deine Mutter übrigens, dass du ihr in der letzten Zeit regelmäßig Geld geschickt hast. Das hat sie schon sehr gefreut, musst du wissen. Sie hatte es ja nicht gerade dicke!«
Peter nickte.
»Das habe ich gern gemacht. Mir geht es zur Zeit finanziell sehr gut. Ich spekuliere an der Börse ein bisschen und hatte in letzter Zeit viel Glück.«
»Du hast dich ganz schön verändert. Irgendwie zum Vorteil«, lächelte sie ihn erneut an, wenn auch ihre Augen ihn weiter kühl und abwägend betrachteten.
»Aber lass uns erst mal die Beerdigungsformalitäten abwickeln, dann können wir uns ja weiter unterhalten. Am

besten fahren wir dann in die Wohnung unserer Mütter. Ich habe einen Schlüssel.«
O Gott, dann muss ich ja noch weiter diese Rolle spielen. Damit habe ich überhaupt nicht gerechnet, dachte Peter. Er hatte ein sehr mulmiges Gefühl. So unsicher hatte er sich schon lange nicht mehr gefühlt.
Gemeinsam suchten sie sich einen schlichten Sarg aus, da seine Mutter ja verbrannt werden sollte. Sie wählten aus den zahlreichen Urnen eine dekorative Blaue aus. Der Blumenschmuck und alle weiteren Einzelheiten wurden mit der Pietät abgestimmt und beide verließen gemeinsam die Räumlichkeiten.
Zum Glück hatten sie schon für den übernächsten Tag einen Bestattungstermin erhalten, sodass Peter nur noch zwei Tage hierbleiben musste.
»Du hast aber einen tollen Sportwagen«, meinte Doris bewundernd. »Da kann ich leider nicht mithalten.« Sie deutete dabei auf den kleinen roten Opel Corsa. »Nur die Farbe ist fast gleich«, lachte sie und Peter stellte fest, dass sie ein nettes Lächeln hatte, was sie ihm gleich viel sympathischer machte. Sie war eine schlanke, sportliche Erscheinung mit kurzen, silberfarbenen Haaren, die sehr modisch geschnitten waren und ihre Kleidung ließ auch auf einen guten Geschmack schließen.
»Am besten du fährst mir hinterher, es ist nicht weit«, forderte sie Peter auf und stieg in ihren Corsa ein. Peter tat es ihr gleich und folgte ihr bis zu einem Mehrfamilienhaus in einer verkehrsberuhigten Zone mit vielen älteren Siedlungshäusern.
Wahrscheinlich wohnen hier viele Handwerker und Arbeiter, vermutete Peter und parkte direkt hinter Doris ein, die bereits vor der Haustür auf ihn wartete.

Die Wohnung lag im ersten Stock und gab vom Wohnzimmer aus den Blick auf einen Kinderspielplatz preis, der sich mitten auf einer großen Wiese mit einigen Sitzbänken befand.
Doris öffnete erst einmal mehrere Fenster, damit die stickige, abgestandene Luft entweichen konnte. Wie Peter bereits erwartet hatte, war die Wohnung im Stil Gelsenkirchener Barock eingerichtet. Man hatte den Eindruck, dass seit den 50er Jahren nichts Neues an Möbel dazu gekauft worden war. Ja selbst das sichtbare Geschirr in einem Glasschrank stammte aus dieser Zeit. Offensichtlich waren hier Sammeltassen besonders gefragt, denn es stapelten sich viele dieser Tassen aus dünnem Porzellan mit Goldrand hinter der Glasscheibe.
Doris sah ihm an, dass er von der ärmlichen Ausstattung der Wohnung doch verblüfft war.
»Warst du denn jemals hier?«, fragte sie ihn deshalb. »Du siehst so überrascht aus.«
Ohne seine Antwort abzuwarten, öffnete sie eine Schublade unter dem Wohnzimmerschrank. Sie entnahm ihm ein vergilbtes Album, das sie schnell durchblätterte und dann auf ein Foto zeigte, das ihn als Jugendlichen mit seiner Mutter in einem Kleingarten zeigte.
»Hier, da warst du vielleicht so dreizehn Jahre alt. Zu dieser Zeit haben wir uns auch mal gesehen. Danach dann leider fast gar nicht mehr. Du bist deine eigenen Wege gegangen und wolltest wohl wenig mit deiner Familie zu tun haben.«
»Na ja, wie das Leben so spielt«, wiegelt er ab. Er wollte dieses Thema möglichst überhaupt nicht besprechen, da er sich hier auf dünnem Eis befand. Je weniger er antwortete, je weniger konnte er etwas Falsches sagen.

»Wie machen wir das nun mit der Wohnung? Sag mir am besten, was du alles von deiner Mutter behalten willst, alles andere kann ich gern übernehmen und entsorgen. Die Wohnung muss auf jeden Fall so schnell wie möglich geräumt werden, damit auch keine Miete mehr anfällt.«
»Du kannst alles behalten, wenn du willst. Ich nehme nur dieses Album und die ganz persönlichen Aktenordner meiner Mutter mit. Und noch etwas: Die kompletten Beerdigungskosten übernehme selbstverständlich ich, wie auch alle weiteren Kosten mit der Wohnung.«
»Das wirst du auch müssen, es ist schließlich deine Mutter«, sagte sie nun etwas sarkastisch.
»Ich lebe nämlich in Scheidung. Mein Mann vergnügt sich gerade mit einer zwanzig Jahre jüngeren Frau und hat unser Konto so ziemlich geplündert. Wie's bei mir weitergeht, weiß ich auch noch nicht genau. Und das nach dreißigjähriger Ehe. Ob ich noch einen Job mit Neunundfünfzig finde, steht auch in den Sternen - aber eher nicht!«
Das sagte sie so resigniert, dass Peter unwillkürlich das Bedürfnis hatte, sie in den Arm zu nehmen, was er sich aber doch lieber verkniff.
»Nun aber mal was ganz anders.«
Doris atmete tief durch, bevor sie weitersprach.
»Eine Frau Beringer hat sich hier nach dir erkundigt. Sie hat einen Privatdetektiv beauftragt, der herausfinden soll, wo du wohnst und was du so machst, denn unter deiner Adresse warst du ja nie anzutreffen. Ich konnte ihr da nicht weiterhelfen und deine Mutter auch nicht. Die hat ja immer nur deine Überweisungen erhalten und eine andere Adresse war ihr auch nicht bekannt. Frau Beringer hat mir dann einiges über dich erzählt. Offenbar verwöhnst du ältere, wohlhabende Damen und lässt dich

dafür bezahlen. Sie hat mir Kontoauszüge gezeigt. Danach hast du viel Geld von ihrer Tante bekommen. Stimmt das?«
Doris schaute ihn nun herausfordernd an und wartete auf eine Antwort.
Peter stieg unweigerlich die Röte ins Gesicht. Er wusste erst einmal überhaupt nicht, was er sagen sollte.
Was war dieser Peter Struwe nur für eine miese Kreatur. Welche Überraschungen sollte er hier noch erleben. Ihm wurde förmlich schlecht bei dem Gedanken.
»Das... das ist gelogen«, stammelte er nun. »Es stimmt, dass ich mit der Tante befreundet war. Mehr aber nicht«, sagte er wenig überzeugend.
»Das geht mich ja auch nichts an. Aber wenn es so ist, finde ich das ziemlich erbärmlich. Hast du denn keine Engagements als Schauspieler?«
Peter hatte sich diesbezüglich im Internet schlaugemacht. Tatsächlich war es nicht verwunderlich, dass dieser Peter Struwe kein Engagement am Theater oder beim Film hatte. Es gab offenkundig zu viele brotlose Schauspieler. Das Überangebot war einfach zu groß. Die meisten jobbten irgendwo, um über die Runden zu kommen. Auch bekannte Namen, das hatte er gelesen, mussten immer wieder mal zum Arbeitsamt und sich arbeitslos melden, damit ihre Rente weiter eingezahlt wurde. In den Pausen zwischen einzelnen Projekten erhielten sie dann ihr Geld vom Arbeitsamt. Glücklich die, die ein festes Engagement an einer Bühne hatten.
So war Peter Struwe wohl etwas auf die schiefe Bahn geraten und hat bei älteren Damen den Gigolo gespielt. Wie komme ich nur aus dieser Nummer raus, überlegte er krampfhaft.

»Es stimmt«, antwortete er deshalb vorsichtig, »ich habe mich etwas um ältere Damen gekümmert. Aber nur als Begleiter. Wir gingen gemeinsam ins Theater et cetera. Mehr war da nicht!«
»Und dafür Geld kassiert!« Doris sagte das sehr abfällig.
»Sie haben es mir förmlich aufgedrängt!«
Er sagte das nun etwas trotzig, schließlich war er dieser Doris doch keine Erklärung schuldig. Die ganze Angelegenheit war ihm sehr peinlich. In solch einer unangenehmen Situation war er bisher noch nie gewesen und er wollte möglichst schnell wieder von hier weg.
»Und von was lebst du nun. Es scheint dir ja sehr gut zu gehen, wie man sieht.«
»Ich arbeite von zu Hause aus als Day-Trader«, sagte er nun erleichtert, denn auf diesem Terrain kannte er sich aus und konnte etwas gesprächiger reagieren.
»Was ist denn das? Wieder so was Amouröses?«
Ellen grinste ihn nun ziemlich frech an.
»Day-Trader sind Leute, die an der Börse spekulieren und täglich Aktien-Geschäfte machen. Da kann man viel Geld verdienen, aber auch viel Geld verlieren. Man muss sich halt gut auskennen und das tue ich in der Zwischenzeit.«
Peter fühlte sich nun etwas sicherer. Das war sein Metier. Hier konnte er Selbstsicherheit ausstrahlen.
Und Doris war anscheinend mit dieser Aussage zufrieden und vielleicht sogar ein wenig beeindruckt.
»Also okay«, sagte er nun schnell, um das Thema zu wechseln.
»Du kümmerst dich um die Wohnungsauflösung. Ich nehme die paar Dinge hier auf dem Tisch mit. Mit allem anderen kannst du machen, was du willst. Ich zahle dir

natürlich was für die Mühe, sind dreitausend Euro in Ordnung?«
Ellen hob überrascht eine Augenbraue. »Dreitausend Euro – das ist aber großzügig von dir. Das kann ich super gut gebrauchen. Vielen Dank, dafür mache ich das sehr gern.«
Nun strahlte sie ihn förmlich an und jeder Argwohn war aus ihrem Blick verschwunden.
Na siehst du, dachte er zufrieden, was Geld doch alles ausmacht.

Rückreise

Ziemlich erschöpft von den anstrengenden letzten Tagen fuhr Peter zuerst einmal Richtung Schweiz. Er wollte unbedingt nach seiner alten Villa in Ascona schauen, wollte einfach nur sehen, was daraus geworden war. Seine Neugierde war zu groß.
Er hatte sich extra einen Dreitagebart wachsen lassen und seine Haare waren auch wesentlich länger als sonst. Außerdem hatte er sich eine Basecap mit langem Schild gekauft und eine dunkle Sonnenbrille verdeckte noch den Rest seines bisherigen Aussehens.
Es dämmerte schon, als er die engen Gassen des ›Monte Verità‹ in Ascona nach oben fuhr. Der süße Duft der üppig blühenden Glyzinen erfüllte die Luft. Auch die vielen verschiedenen Rosendüfte, die ihm aus den traumhaften Gärten auf diesem Hügel entgegen wehten, trugen dazu bei, dass er sich fröhlich und beschwingt fühlte. Er konnte es kaum erwarten oben auf der Anhöhe anzukommen um den unglaublichen Ausblick zu genießen.
Wie atemberaubend schön es hier doch war. Er seufzte

tief und eine kribbelige Unruhe erfasste ihn mit einem Mal, je näher er der Villa kam.
Peter parkte sein Auto in der Nähe des großen Parks und spürte sogleich die angenehme Ruhe, die hier oben am Berg herrschte. Man konnte nur das Summen der Insekten und das Zwitschern der Vögel hören. Keine Menschenseele war weit und breit zu sehen. Vorsichtig schlich er zu dem kleinen versteckten Tor der Villa und spähte heimlich in den Garten.
Alles sah aus wie immer und eine große Wehmut überkam ihn. Zu gern hätte ich mein altes Leben wieder zurück und alles Schreckliche wäre nicht geschehen, dachte er. Er bekam doch tatsächlich feuchte Augen und sein Puls fing an zu rasen. Es schnürte ihm förmlich die Luft ab und er spürte einen dicken Kloß im Hals.
Plötzlich vernahm er Stimmen aus dem Garten und die Terrassentür wurde aufgeschoben.
Er wagte kaum zu atmen. Angestrengt musste er durchs Blattwerk schauen, damit er die zwei Personen erkennen konnte, die sich mit Gläsern bewaffnet auf der Terrasse bewegten.
Das ist ja Luisa, dachte er hoch erfreut. Aber das gibt es doch nicht! Sie ist ja schwanger! Eine ungemeine Freude durchdrang ihn. Am liebsten wäre er auf sie zugestürmt und hätte sie in seine Arme genommen – seine Tochter. Der Mann an ihrer Seite umschlang sie von hinten und küsste ihr den Nacken. Sie drehte sich zu ihm herum und strahlte ihn glücklich an. Es war ein schönes Bild voller Harmonie. Meine Tochter bekommt ein Baby, dachte er glücklich. Ich werde bald Opa! Aber allein schon dieser Gedanke bereitete ihm schon wieder Magenschmerzen. Er würde dieses Enkelkind nie kennenlernen. Aber den-

noch war er erleichtert, dass Luisa offensichtlich ihr Glück gefunden hatte. Das erweckte erneut seine Neugier. Sollte sie etwa verheiratet sein? Leise schlich er sich an der hohen Hecke vorbei bis zum großen Eingangstor. Hier konnte er das neue, glänzende Schild an der Klingel sofort erkennen. Es stand nur ein Name darauf: Luisa und Jochen Steffens stand in geschwungener Schrift zu lesen und es war offensichtlich, dass Luisa wohl geheiratet hatte. Das freute ihn ungemein. So musste er sich keine Gedanken darüber machen, ob sie mit ihrem Leben zurechtkam.

»Was machen Sie denn hier?« Eine Hand berührte ihn am Ärmel und er fuhr erschrocken herum.

Ein alter Mann mit Stock und ein ebenso alter Hund standen ihm gegenüber und beide blitzten ihn böse an.

»Wieso schleichen Sie hier herum? Soll ich etwa die Polizei holen?«, schimpfte der Alte in Schwyzerdütsch.

Peter lief vor Schreck rot an und sein Puls schnellte spürbar in die Höhe. Gut, dass man seine Verstörtheit in der Abenddämmerung nicht sehen konnte und die Augen des Alten waren bestimmt auch nicht mehr die besten.

»Keine Sorge, ich habe keine bösen Ansichten«, wiegelte er freundlich ab. Ich suche nur einen alten Bekannten. Wohnt hier nicht ein Herr Sandter?«, fragte er in seiner Verzweiflung, weil ihm im Moment nichts anderes einfiel.

»Ach der! Nein, der wohnt hier nicht mehr. Der hat sich das Leben genommen«, sagte der Alte nun etwas freundlicher. »Wissen Sie, das war auch so einer. Der hat sich, glaube ich, an der Börse ziemlich verzockt, wie so manch einer hier auf dem Germanen-Hügel«, lachte er nun süffisant. Diese Bezeichnung für den ›Monte Verità‹ benutz-

ten die Einheimischen gern, da sich hier seit etlichen Jahren viele wohlhabende Deutsche niedergelassen hatten.
»Das wusste ich nicht!« Philipp tat unwissend und ergriff die Gelegenheit, den Alten weiter auszufragen.
»Wer wohnt denn nun hier?«
»Das sind nette junge Leute. Er ist, glaube ich, freiberuflicher Journalist und sie erwartet ihr erstes Kind. Unsere Putzfrau putzt auch bei denen. Wirklich nette Leute«, betonte er noch einmal.
»Na dann«, sagte Philipp nur, er wollte sich so schnell wie möglich verdrücken. »Danke für die Auskunft. Dann werd ich mal wieder ...«
Er verabschiedete sich und lief schnellstens zurück zu seinem Auto, um sich auf den Heimweg zu machen. Immerhin hatte er noch fast drei Stunden Fahrt vor sich und es wurde bereits dunkel. Aber noch einmal übernachten wollte er nicht. Seine Sehnsucht nach Ellen war zu groß. Er freute sich, sie bald wieder in seine Arme schließen zu können.

Peters Ankunft

Ellen lief unruhig im Haus hin und her. Seit Tagen hatte sie kaum geschlafen und dunkle Augenringe waren das Ergebnis. Sie quälte sich durch die Tage, zermarterte sich den Kopf und stellte sich die wildesten Dinge vor, was Peters Person anbelangte.
In ihrer Fantasie durchlebte sie Himmel und Hölle zugleich. Einmal war Peter der Betrüger, einmal das Opfer einer Intrige von dieser Frau Beringer. Sie konnte Peters Ankunft kaum erwarten, damit sie endlich wieder klar denken konnte, egal wie es auch ausgehen würde. Sie

musste wissen, woran sie mit Peter war. Ihre Koffer waren auf jeden Fall schon gepackt, und wer weiß, vielleicht war sie schon morgen auf dem Weg zurück nach Deutschland. Peter hatte sie ganz kurz von einer Raststätte aus angerufen, er musste jeden Augenblick hier eintreffen. Sie ging noch einmal ins Bad und prüfte kritisch ihr Aussehen.

»Du siehst ganz schön fertig aus«, sagte sie zu ihrem Spiegelbild und fuhr sich mit spitzen Fingern über die dunklen Augenringe.

Sie schminkte sich noch sorgfältig die Lippen und musste sich beherrschen, dass ihr nicht wieder die Tränen kamen. Ihr einziger Trost war nur noch Bobby, der sie nicht aus den Augen ließ und wie ein Schatten ständig hinter ihr herlief. Ihm hatte sie in den letzten Tagen ihren ganzen Kummer erzählt und er spürte wohl ihre Traurigkeit, denn er kuschelte sich unentwegt an sie an und wich nicht von ihrer Seite.

Gedankenversunken saß sie mit einer Tasse Tee auf der Terrasse, als sie Peters Sportwagen vorfahren hörte. Sofort hatte sie heftiges Herzklopfen und eine innere Unruhe erfasste sie, sodass sie kaum noch Luft bekam.

Schon bald darauf kam Peter auf die Terrasse, verfolgt von Bobby, der ihm freudig hinterherlief und ihn laut bellend begrüßte.

»Hallo Ellen, endlich wieder zu Hause«, rief er froh gelaunt aus und nahm sie stürmisch in die Arme.

Ellens Körper versteifte sich und sie wendete zur Begrüßung den Kopf zur Seite, sodass er nur einen Kuss auf ihre Wange hauchen konnte.

»Ist was los?«, fragte er und hielt sie etwas von sich ab, damit er ihr in die Augen sehen konnte.

»Ja, es ist was!«, sagte Ellen trotzig und rückte von ihm ab. »Ich muss mit dir reden. Setz dich bitte. Ich hole dir einen Kaffee.«
Damit verschaffte sie sich erst einmal ein wenig Luft und konnte ihre Erregung etwas besser kontrollieren.
Peter schaute ihr ratlos hinterher. Er war sich keiner Schuld bewusst, konnte sich aber schon denken, worum es ging. Hatte sie nicht eine Frau Beringer erwähnt. Das war doch der Name, den seine Cousine auch genannt hatte. Die Erbin von einer der Damen, die dieser Peter Struwe verwöhnt hatte.
Er wusste, dass nun ein sehr schwieriges Gespräch mit Ellen anstand. Schon auf der langen Rückreise hatte er sich dazu entschlossen, Ellen reinen Wein einzuschenken und ihr ungeschminkt die ganze Wahrheit über sich und seine neue Identität zu erzählen. Das war er ihr einfach schuldig, und er hoffte inständig, dass sie mit dieser Situation klar kam.
Er wollte sie einfach nicht verlieren. Sie war genau die Frau an seiner Seite, die ihm guttat und nach der er sich immer gesehnt hatte. Warm und herzlich, anpackend und ehrlich, eine echte Freundin eben, der er bedingungslos vertrauen konnte. Wenn er da an Silvia dachte, durchlief ihn ein eiskalter Schauer. Sie war das genaue Gegenteil. Oberflächlich, eitel und nur auf sein Geld aus, das sie mit vollen Händen ausgegeben hatte. Nie hatte sie auch nur einen Finger gerührt und es war unvorstellbar, wenn er nur daran dachte, wie er mit Silvia diesen wunderschönen Garten hätte anlegen müssen. Da war Ellen eine ganz andere Frau. Wenn er sie nur anschaute, machten sich warme Gefühle in ihm breit, die er bisher so noch nicht

gekannt hatte. Das muss wohl die große Liebe sein, dachte er warmherzig. Und das in meinem Alter!

Aber auch sonst war sie einfach unentbehrlich für ihn. Sie hatte den Haushalt wunderbar im Griff und hatte mit ihm wie selbstverständlich im Garten geschuftet. Ja, es machte ihr sogar große Freude. Und außerdem war sie eine lustige und unterhaltsame Person und in der Liebe auch eine gefühlvolle und leidenschaftliche Frau. Nein, er durfte sie nicht verlieren. Das wäre eine Katastrophe!

Ellen kam mit einer Tasse Kaffee und einem deftig belegten Brot aus der Küche zurück und stellt alles vor ihm auf den Tisch.

»Du wirst auch etwas Hunger haben. Ich habe dir ein Brot gemacht«, sagte sie leise.

»Danke Ellen. Nun setz dich aber bitte mal hin und erzähle mir, was dich so bedrückt.«

Ellen musste erst einmal tief Luft holen, bevor es aus ihr herausbrach.

»Eine Frau Beringer aus Deutschland war hier. Sie ist die Nichte von einer Frau Grütter, die du ja kennen wirst.« Dabei schaute sie ihn abwartend an. Als er nicht antwortete und nur verlegen unter sich sah, erzählte sie weiter.

»Du sollst von dieser Frau Grütter zweihunderttausend Euro erhalten haben. Du wärst ihr Gigolo gewesen und das wäre nicht die erste Frau, die du um ihr Geld betrogen hättest. Sie will auf jeden Fall dieses Geld wieder zurückhaben. Was sagst du zu diesen Vorwürfen?«

Jetzt war es heraus! Ellen lehnte sich im Sessel zurück und wartete darauf, was Peter zu erwidern hatte.

Er strich sich verzweifelt durch die Haare und hatte doch tatsächlich Tränen in den Augen.

»Wie soll ich dir nur alles erklären? Ich bin manchmal so verzweifelt und am Ende meiner Kräfte«, schluchzte er.
Diese Reaktion hatte Ellen nicht erwartet. Sie war seltsam berührt und hätte ihn in diesem Moment am liebsten in die Arme genommen, aber erst musste er ihr die Wahrheit erzählen.
»Ellen, ich bitte dich ganz herzlich. Glaube mir, so etwas würde ich nie tun. Ich muss dir ein ganz großes Geheimnis anvertrauen und ich hätte es dir schon längst erzählen müssen. Aber ich hatte, ehrlich gesagt, Angst vor so einem Gespräch.«
»Vertraust du mir denn nicht?«, fragte sie nun neugierig geworden.
»Aber ja doch! Aber alles, was ich dir jetzt erzähle, fällt mir sehr schwer und es lässt mich in einem sehr schlechten Licht erscheinen. Ich kann nur hoffen, dass dein Urteil über mich gnädig ausfällt und du mich nach diesem Geständnis nicht verlässt. Das würde mich umbringen!«
Ellen spürte die Brisanz der Lage und war schon ganz unruhig und angespannt.
Peter erzählte ihr nun nach und nach die ganze Geschichte seiner Verwandlung. Ellen saß mit offenem Mund vor ihm und wagte es kaum zu atmen. Nachdem er geendet hatte, war sie ganz blass um die Nase und er machte sich ernsthaft Sorgen, dass sie gleich in Ohnmacht fallen würde.
Es folgte ein langes Schweigen, bis Ellen aufstand. Das Erste, was sie sagte, war: »Ich hole uns erst einmal einen Cognac, ich denke, den brauchen wir jetzt beide!«
Als sie mit den vollen Gläsern wieder zurückkam, schaute sie Peter voll in die Augen.
»Du bist nicht Peter Struwe, sondern du heißt Philipp Sandter. Richtig? Und du hast kein Verbrechen begangen?

Lediglich die Sache mit den Selkmann-Aktien?«, fragte sie eindringlich.

»Ja, glaube mir. Das ist die reine Wahrheit. Und mit Selkmann war das auch so eine Sache. Ich gebe zu, dass ich hier sehr gute Geschäfte gemacht habe, obwohl ich mir über manche Ungereimtheiten in dieser Sache auch nicht ganz sicher war. Aber auch hier habe ich nicht bewusst betrogen.«

»Also lass mich mal in Kurzform zusammenfassen: Dich erwartete ein Gerichtsverfahren wegen der Selkmann Aktien. Du hattest Angst vor einer Verurteilung?«

»Ja, so ist es.«

»Deine Frau hat einen Schauspieler mit dem Namen Peter Struwe engagiert, der gleichzeitig ihr Liebhaber war und der genau wie du aussah. Mit dessen Hilfe wollte sie dich beseitigen und er wollte sich anschließend für dich ausgeben«, resümierte sie weiter.

»Richtig!«

»Du bist nach Hause gekommen und deine Frau hat dir einen Tee serviert. Da du aber ein merkwürdiges Gefühl hattest, hast du den Tee vertauscht und deine Frau hat sich selbst vergiftet. Mit Nikotin, wie du sagtest.«

»Genau so!«

»Dann kam dieser besagte Herr Struwe herüber, der im Gästehaus auf ein Zeichen gewartet hat und hat nicht schlecht gestaunt, als er dich lebend antraf. Auf den Schreck hast du ihm einen Fernet-Branca eingeschenkt, der ebenfalls vergiftet war, was du zu diesem Zeitpunkt auch nicht wusstest. Auch er hat sich daran vergiftet. War es so?«

»Ja, genauso war es.« Ellen nahm nun erst einmal einen kräftigen Schluck von dem Cognac.

»Als du alles begriffen hast, kam dir die Idee, dass du auf diese Art und Weise einer Verhaftung in Deutschland wegen der Selkmann-Aktien entgehen könntest. Du hast einen Abschiedsbrief geschrieben und alles als Selbstmord aussehen lassen. Dann hast du dir das Auto und alle Papiere dieses Herrn Struwe angeeignet und hast deine Identität geändert.«
»Das stimmt! Das war eine ganz spontane Idee. Ich hatte ja bereits mein Konto bei der Bank aufgelöst und das ganze Geld in einem Koffer bereitstehen. Das eröffnete mir ja viele Möglichkeiten. Es waren über zwei Millionen Euro. Davon habe ich dann dieses Haus hier gekauft und eine kleine Wohnung am Bodensee, damit ich eine deutsche Adresse hatte, für alle Fälle. Das restliche Geld habe ich hier im Haus versteckt.«
»Was sagst du, hier im Haus!«, rief sie entsetzt aus. »Aber das ist doch sehr gefährlich.«
Peter, der merkte, dass Ellen nun nicht mehr so böse wie vorher aussah, erlaubte sich nun ein Lächeln.
»Ja, du weißt doch, dass im Keller der große Felsen herausschaut und die Heizung dort untergebracht ist. Dort habe ich von Hand den Stein bearbeitet und ein großes Loch hineingeschlagen. In das Loch habe ich einen Safe eingelassen und fest verankert, der dann wiederum von einem Einbauschrank verdeckt wird. Diesen Einbauschrank kann ich mittels einer selbst konstruierten Vorrichtung wegdrehen. Wer das nicht weiß, sieht überhaupt nichts.«
Nun lächelte auch Ellen zaghaft.
»Wie soll ich dich denn nun nennen? Du heißt doch gar nicht Peter, du heißt doch Philipp.«

»Ich gestehe, dass ich mich nur schwer an den neuen Namen gewöhnen kann. Immerhin habe ich über sechzig Jahre Philipp Sandter geheißen. Übrigens: Ich bin in Wahrheit auch noch drei Jahre älter als dieser Peter!«, sagte er nun kleinlaut.
Nun musste Ellen tatsächlich lachen.
»Das sieht man dir überhaupt nicht an!«, kicherte sie.
Sie beugte sich zu Peter hinüber und drückte ihr Gesicht fest an ihn.
»Mir fällt ein Stein vom Herzen. Wenn du wüsstest, was ich in den letzten Tagen durchgemacht habe. Ich dachte, du bist ein Heiratsschwindler und hast mehrere Frauen betrogen und willst vielleicht auch noch an meine paar Kröten.«
»Heißt das, dass du mir verzeihst und mit der ganzen Situation leben kannst?« Peter stellte diese Frage zögerlich.
»Na ja, wenn das auch wirklich alles ist, könnte ich damit leben, mein liebster Piet! So werde ich dich in Zukunft nennen. Da ist von beiden Namen was dabei. Wie gefällt dir der Name?«
Nun lachte sie aus vollem Hals und warf sich in seine Arme. Es folgte ein leidenschaftlicher Kuss und Bobby, der alles interessiert verfolgt hatte, sprang an beiden hoch und quetschte sich dazwischen. Auch er wollte mit umarmt werden, was zur allgemeinen Heiterkeit beitrug.
»Wann wollte denn diese Frau Beringer wiederkommen?«, fragte Peter interessiert, nachdem sie sich wieder voneinander gelöst hatten.
»Die kommt bestimmt morgen wieder. Sie hat sich in einem Ferienhaus einquartiert. Eine unangenehme Person! Dickes Make-up und aufdringliches Parfüm – ein-

fach grässlich! Aber die wirst du so schnell nicht los. Die will Geld von dir, sonst könnte es Ärger geben.«
»Ja, das habe ich mir schon gedacht. Was meinst du, wenn ich ihr die Hälfte des Geldes anbiete, und lasse sie eine Quittung unterschreiben, dann hätte ich sie in der Hand. Sozusagen als Erpresserin, denn ein Schuldschein oder so etwas existiert ja nicht. Das Geld wurde ganz normal in mehreren Schritten überwiesen. Das habe ich schon nachgesehen. Schließlich habe ich alle Bankunterlagen von Peter Struwe mitgenommen.«
»Genauso machen wir es. Wir werden es eine Goodwill-Aktion nennen. Ich schreibe gleich am Computer eine Quittung für dich aus. Ohne Unterschrift gibt's kein Geld. Da wird sie bestimmt lieber den Spatz in der Hand haben, als die Taube auf dem Dach.«
Peter schaute Ellen nun liebevoll an.
»Du bist einfach wundervoll. Wenn ich gewusst hätte, dass du so toll reagierst, hätte ich dir schon längst alles gestanden. Ich liebe dich Ellen.«
Ellen war überglücklich. Das hatte er zum ersten Mal zu ihr gesagt. Sie fiel ihm um den Hals und küsste ihn wie wild und wieder wollte Bobby sich dazwischen drängen, was beide in schallendes Gelächter ausbrechen ließ.

Renate im Anmarsch

O Gott, ich habe ja schon wieder zugenommen! Renate Beringer stöhnte und zog krampfhaft den Bauch ein, damit der Reißverschluss ihrer Hose zuging. Nur mit größter Mühe schaffte sie es, dass auch noch der obere Knopf zuging. Ganz vorsichtig atmete sie wieder aus und dabei quoll über dem Hosenbund eine kleine Speckrolle

heraus. Nur nicht von der Seite anschauen, dachte sie und holte sich eine lockere Bluse aus ihrem Koffer, der die Schande ihres guten Appetits verdecken sollte.
Das kleine Ferienhaus war wirklich nett eingerichtet und die Küche eigentlich auch sehr modern und praktisch. Allerdings hatte sie noch keine Zeit gefunden den Kühlschrank aufzufüllen, sodass an ein selbst gemachtes Frühstück nicht zu denken war. Deshalb beschloss sie, in der nächstgelegenen Bar einen Kaffee mit Brioche zu sich zu nehmen. Aber vorher spritzte sie sich noch ihre morgendliche Dosis Insulin in den Oberschenkel. Danach tuschte sie zum zweiten Mal ihre Wimpern, zog sich die Lippen nach, sprühte sich eine ordentliche Portion Parfüm an die Ohrläppchen. Sie begutachtete sich wohlwollend im großen Spiegel an der Haustür. Zufrieden mit sich, schnappte sie ihre Handtasche, kontrollierte noch, ob auch die Kontoauszüge ihrer Tante mit den verbuchten Überweisungen an Peter Struwe in dem Umschlag waren. Danach verließ sie gut gelaunt das kleine Haus am Meer. Gleich nach dem Kaffee wollte sie diesen Herrn Struwe aufsuchen und ihm ordentlich einheizen.

Renate trifft endlich Peter

Ellen und Peter waren gerade mit ihrem Frühstück auf der Terrasse fertig, als die Hausglocke läutete.
»Das wird Frau Beringer sein«, meinte Ellen vielsagend und rollte mit den Augen. »Lass mal, ich mach schon auf!« Dabei drückte sie Peter, der gerade im Begriff war aufzustehen, wieder in seinen Sessel zurück. Sie ging schnurstracks zum Gittertor, von dem aus sie Frau Beringer, aufgedonnert wie immer und winkend, entdeckte.

»Hallo, ich bin's wieder«, flötete diese zuckersüß, als Ellen sie hereinließ. »Ist Herr Struwe nun endlich da?« Ohne eine Antwort abzuwarten, ging sie ungefragt weiter bis zur Terrasse und stand plötzlich Peter gegenüber, der sie überrascht ansah.
»Sie müssen Herr Struwe sein – hallo! Ich heiße Renate Beringer und bin die Nichte von Frau Grütter und gleichzeitig deren Erbin. Ihre Haushälterin wird Ihnen schon erzählt haben, worum es geht, oder?«
Dabei sah sie Peter herausfordernd an.
Peter schluckte. So eine peinliche Situation hatte er noch nie erlebt. Er hätte im Erdboden versinken können und seine sonstige Selbstsicherheit geriet doch sehr ins Wanken. Dass ihn jemand verdächtigte, sich an älteren Damen bereichert zu haben, war ihm ein völlig fremdes Gefühl, mit dem er noch nicht zurechtkam. Er wäre am liebsten unsichtbar geworden.
Ellen, die genau bemerkte, wie blass er plötzlich wurde, ergriff spontan die Initiative.
»Setzen Sie sich doch bitte, Frau Beringer. Herr Struwe und ich haben bereits alles besprochen. Ich bin nämlich auch seine Vertraute in finanziellen Dingen müssen Sie wissen. Wir haben uns gemeinsam beraten und Herr Struwe ist sich keiner Schuld bewusst. Ihre Tante Frau Grütter hat Herrn Struwe das Geld sporadisch für künstlerische Zwecke geschenkt! Nicht geliehen! Aber kulanterweise und auch um keinen Ärger mit Ihnen zu haben, haben wir uns entschlossen, Ihnen die Hälfte der Summe wieder zurückzuzahlen. Das ist aber unser einziges und letztes Angebot, müssen Sie wissen. Sollten Sie das nicht annehmen, dann tut es uns leid. Dann bekommen Sie überhaupt nichts.«

Renate Beringer blieb förmlich die Luft weg. Sie saß mit offenem Mund Ellen gegenüber und schaute mit hochrotem Kopf zu Peter hinüber.
»Können Sie vielleicht auch mal etwas dazu sagen?«, rief sie empört.
»Oder geht Sie das überhaupt nichts an?«
Peter, der sich in der Zwischenzeit wieder erholt hatte und von Ellens mutiger Vorgehensweise sehr beeindruckt war, als sie wie eine Löwin seine Interessen vertrat, antwortet nun sehr gefasst: »Sie haben ja gehört, was meine Lebensgefährtin gesagt hat.«
Dabei schaute er Ellen liebevoll an. »Dazu gibt es nichts weiter zu sagen. Entweder Sie nehmen unser Angebot an, oder Sie gehen ohne Geld nach Hause. Das liegt nun ganz an Ihnen!«
»Ich könnte Sie auch anzeigen! Schließlich habe ich hier die Beweise anhand der Kontoauszüge!«
Sie schrie nun fast und wedelte dabei mit den Auszügen in der Luft herum.
»Das beweist überhaupt nichts«, sagte nun Peter bestimmt. »Meine Auszüge kann ich Ihnen auch zeigen. Oder haben Sie sonst noch etwas Schriftliches?«
Renate Beringer spürte, wie ihre Felle davon schwammen. Ihr Verstand sagte ihr, dass sie schlechte Karten hatte, denn einen Schuldschein hatte sie bei der Hinterlassenschaft ihrer Tante nicht finden können. Ihr blieb wohl nichts anderes übrig, als dem Vorschlag zuzustimmen. Besser einhunderttausend Euro als gar nichts.
»Na gut, Sie haben gewonnen. Geben Sie mir bitte sofort die einhunderttausend Euro und Sie sehen mich nicht wieder!«, sagte sie deshalb kleinlaut.

Ellen eilte flugs zu ihrem Computer und holte die vorbereitete Verzichtserklärung. Sie legte sie zur Unterschrift Frau Beringer vor.
»Das ist ja fast wie ein Schuldanerkenntnis«, sagte sie nach dem Lesen empört.
»Natürlich! Schließlich ist es ja streng genommen eine Erpressung, die Sie hier vornehmen. Denn geschenkt ist geschenkt! Sie behaupten zwar das Gegenteil, haben aber keinerlei Beweise dafür. Und wir wollen einfach sicher sein, dass Sie nicht in ein paar Wochen wieder ankommen und erneut Geld verlangen.« Ellen sagte dies sehr souverän und nicht weiter verhandelbar und hielt ihr den Kugelschreiber für die Unterschrift hin.
Mit einem lauten Seufzer setzte Renate Beringer ihre Unterschrift unter das Dokument.
»Zufrieden?«, sagte sie nun spitz und hielt das Papier fest in den Händen. »Aber erst das Geld bitte, dann das Schreiben!«
Peter ging nun zu seinem Safe in den Keller, um die einhunderttausend Euro zu holen. Es dauerte eine Weile, bis er wieder zurückkam.
»Hätten Sie vielleicht mal etwas Süßes. Mein Insulinspiegel ist heute nicht im Lot. Und dann noch die ganze Aufregung.« Dabei hielt sich Renate leicht schwankend an der Tischplatte fest. »Ein Brioche vielleicht, oder lieber ein Stückchen Schokolade?«, fragte Ellen besorgt.
»Ein Stück Schokolade, bitte«, antwortete Frau Beringer mit schwacher Stimme.
Schon gleich danach war sie wieder die Alte. »Ich muss wohl meine Insulin-Dosis etwas erhöhen«, meinte sie entschuldigend.
Peter geleitete Frau Beringer zum Tor. »Auf ein hoffent-

lich Nimmer-Wiedersehen« sagte er bissig und ging, ohne weiter nach Frau Beringer zu schauen, zurück zum Haus.

»So, das wäre geschafft. Danke Ellen, das war einfach großartig von dir. Ich war erst einmal völlig blockiert, als ich die Dame vor mir hatte.« Er umschlang Ellen mit beiden Armen und drückte sie ganz fest an sich. »Du bist das Beste, was mir je passiert ist.«

Ellen wurde ganz warm ums Herz. Sie fühlte sich sehr verbunden mit Piet, wie sie ihn von nun an nennen wollte, und war sich auch ganz sicher, dass er es ernst mit ihr meinte. Nun konnten sie endlich mit Ruhe und Zuversicht der Zukunft entgegenblicken. Sie war glücklich wie schon sehr lange nicht mehr.

Richard Kleve steht vor der Tür

Renate fuhr langsam und beschwingt, trotz des geringeren Betrages, den sie von Peter Struwe erhalten hatte, am Meer entlang zurück in Richtung Ferienhaus. Zuvor kaufte sie unterwegs noch reichlich Zutaten für ein leckeres Mittagessen ein. Das habe ich mir verdient, dachte sie und ihr lief schon jetzt das Wasser im Munde zusammen, wenn sie an das saftige Steak dachte, das sie sich gerade in der Metzgerei gekauft hatte. Auch bei den leckeren Törtchen in der Bäckerei konnte sie nicht widerstehen. Was soll's, heute wird mal gefeiert! Und eine Flasche Barolo gehörte natürlich auch dazu.

Fröhlich pfeifend entledigte sie sich erst einmal ihrer Kleider und zog ein bequemes Hauskleid an. Dann kochte sie sich ein opulentes Mehr-Gänge-Menü und kredenzte sich selbst alles stilvoll auf der Terrasse zur stimmungsvollen italienischer Schmusemusik. Als sie es sich gerade auf der

Liege bequem gemacht hatte und den Blick aufs Meer genießen wollte, klingelte es an der Tür.
Schwer atmend quälte sie ihren fleischigen Körper aus der Liege. Wer wird das denn sein? Beseelten Schrittes, der der genossenen Flasche Wein zu verdanken war, öffnete sie die Tür und staunte nicht schlecht, als Richard Kleve vor ihr stand.
»Hallo, liebe Frau Beringer!«, begrüßte er sie überschwänglich. »Darf ich eintreten?«
»Ja um Himmels Willen, wo kommen Sie denn her?«, fragte sie völlig irritiert.
»Ich mache hier ein paar Tage Urlaub und habe Sie zufällig beim Einkaufen gesehen. Da bin Ihnen unbeabsichtigt ein Stück nachgefahren, da ich zu meinem Hotel wollte. Ich habe gesehen, wo Sie wohnen. Ich dachte mir, dass ich Sie einfach mal besuche. Das ist Ihnen doch recht, oder?« Dabei grinste er sie unverschämt an und musterte sie von oben bis unten, nicht ohne zu bemerken, dass Renate schon einen kleinen Schwips hatte.
»Ich habe auch eine Flasche Rotwein mitgebracht und wollte mit Ihnen auf den Zufall anstoßen!«
Die überrumpelte Renate trat zur Seite und ließ ihn, leise vor sich hin murmelnd, eintreten. »Ich sitze gerade auf der Terrasse und wollte mich etwas erholen«, sagte sie wenig einladend. »Gehen Sie schon mal vor, ich hole ihnen noch ein Weinglas.«
Was soll's, das wird dann heute mal ein Ausnahmetag. Sie sollte eigentlich nicht noch mehr Wein trinken, wegen ihres Diabetes. Aber schließlich gibt es was zu feiern und das verdanke ich auch Herrn Kleve, redete sie sich selbst ein, obwohl sie diesen komischen Kauz überhaupt nicht leiden konnte. Sie erzählte ihm von ihrer erfolgreichen

Aktion in Sachen Peter Struwe, wenn auch nicht so erfolgreich, wie sie erwartet hatte. Aber immerhin, es hätte ja auch anders ausgehen können und dieser Herr Struwe hätte sich querstellen können.
Richard Kleve hörte aufmerksam zu und goss Renates Weinglas ständig nach, was ihr offenbar überhaupt nicht auffiel. Als sie mal kurz zur Toilette musste, war für Kleve der richtige Zeitpunkt gekommen. Er goss ein Fläschchen K.O.-Tropfen in ihren Wein und wartete das Ergebnis ab, das sich schon sehr bald einstellte. Renate, die bereits auf ihrer Liege saß, kippte nach hinten um und fiel in einen tiefen Schlaf.
In aller Ruhe schaute er sich nun im Ferienhaus um und entdeckte schon bald ihre Handtasche im Schlafzimmer. Dieser entnahm er den Umschlag mit den einhunderttausend Euro und machte sich daran, seine Spuren im Haus zu verwischen. Er hatte sich eigens dafür Reinigungstücher zum Abwischen mitgebracht. Auch das zweite Weinglas vergaß er nicht und er verließ ungesehen schnellstens das Haus. Wenn Frau Beringer aufwacht, bin ich schon über alle Berge. Und ob sie sich nach dem vielen Alkohol noch an etwas erinnern wird, ist fraglich, dachte er sorglos.
Nun kam der zweite Teil seines Plans zum Zuge. Renate hatte ihm unter Alkoholeinfluss alles genau von der Geldübergabe erzählt. Er wusste von ihr, dass Herr Struwe das Geld vermutlich aus einem Safe im Haus herbeigeholt hatte. Da war es doch naheliegend, dass noch weitere Scheinchen im Haus versteckt sein mussten. Nun hatte er Blut geleckt. Das Geldzählen berauschte ihn förmlich, und wenn er es so recht bedachte, konnte er sich sehr gut vorstellen, sich hier im Süden niederzulassen. Das kostete

aber bestimmt eine Stange Geld. Und die konnte er sich vielleicht bei diesem Struwe holen. Einen Versuch war es auf jeden Fall wert. Schließlich wusste er einiges über diesen feinen Herrn. Mal sehen, was hier noch zu machen war.

Der Privatdetektiv klingelt

Ellen und Peter saßen beim Mittagessen, als es am Tor klingelte.

»Wer kann das denn sein?« Ellen schaute Peter fragend an.

»Ich geh' schon. Bleib nur sitzen.« Peter legte sein Besteck zur Seite und stand auf. Zuerst schaute er aus dem Gittertor in Richtung Eingang. Dort stand ein grauhaariger Mann mit einem vernarbten Gesicht und schaute ihm direkt ins Gesicht. Nun war es nicht mehr möglich, einfach nicht zu öffnen und so zu tun als sei niemand zu Hause. Also ging Peter auf den Fremden zu und fragte: »Zu wem möchten Sie denn?«

»Sind Sie Herr Struwe?«

»Ja, um was geht es denn?« Er war erstaunt, dass es sich hier offensichtlich um einen Deutschen handelte, der nicht gerade eine sympathische Erscheinung war. Er hatte so etwas Verschlagenes im Blick, das nichts Gutes verhieß.

»Darf ich reinkommen? Ich hätte etwas Wichtiges mit Ihnen zu besprechen. Es ist sehr vertraulich.«

Peter spürte schon wieder dieses unangenehme Gefühl im Magen, das ihn auch schon bei Frau Beringer heimgesucht hatte.

»Können wir das nicht hier am Tor besprechen, wir sind gerade beim Essen. Um was geht es denn genau?«

»Nun, wie Sie wollen. Ich glaube nicht, dass es gut für Sie wäre, wenn irgendjemand das hören würde, was ich Ihnen zu sagen habe.«
»Na gut, kommen Sie rein!« Peter sagte dies sehr unwirsch und Richard Kleve folgte ihm auf die Terrasse, auf der Ellen den beiden erwartungsvoll entgegen schaute. Sie spürte, dass der Gast Peter nicht willkommen war.
»Guten Tag, mein Name ist Richard Kleve. Ich bin Privatdetektiv.« Dabei verbeugte er sich galant vor Ellen und gab ihr die Hand. Von Renate Beringer wusste er bereits, dass diese Dame wohl die Lebensgefährtin von Peter Struwe war.
»Ich störe wohl beim Mittagessen. Das tut mir leid. Aber ich will heute noch nach Deutschland zurückfahren, deshalb kann ich nicht länger warten.«
»Also, was wollen Sie?« Peter hatte bereits ein sehr ungutes Gefühl, auch weil er sich als Privatdetektiv vorgestellt hatte. Hatte nicht diese Frau Beringer von einem Detektiv gesprochen, der ihn ausfindig gemacht hatte?
»Nun, ich habe während meiner Recherchen für Frau Beringer, die Ihnen ja bekannt sein dürfte, Unterlagen über Sie gesammelt, die sehr brisant sind. Ich kann beweisen, dass sie im Laufe der letzten Jahre mehrere wohlhabende Damen um viel Geld betrogen haben. Sie waren in allen Fällen deren Liebhaber, was sich auch durch zahlreiche Artikel in der Regenbogenpresse beweisen lässt. Einige davon sind komischerweise durch rätselhafte Umstände verunglückt.«
Das sagte er so hämisch, dass Peter der Atem stockte.
»Ich habe mir die Fälle alle ganz genau angesehen und bin da auf viele Ungereimtheiten gestoßen. Da liegt doch der Schluss nahe, dass Sie dabei ihre Hände im Spiel hat-

ten und immer etwas nachgeholfen haben. Auf diese Weise haben Sie sich ein Vermögen ergaunert, wie man auch hier sehen kann. Das alles hier war ja bestimmt nicht gerade billig.«

Dabei deutete er mit ausgebreiteten Armen auf das schöne Anwesen vor ihm und lächelte Peter anzüglich an.

»Nun, ich denke, dass Ihnen meine Unterlagen etwas wert sein sollten, wenn Sie sicher sein wollen, dass sie der Polizei nicht in die Hände fallen.«

Das war eindeutig. Peter war klar, dass dieser Detektiv ihn mit dieser Drohung erpressen wollte. Also noch jemand, der Geld von ihm wollte.

Er schaute Ellen verzweifelt an. Auch sie verstand durchaus, was dieser unsympathische Deutsche von Peter wollte. Wie immer ging es nur ums Geld – was auch sonst. Ellen, die ja nun wusste, was Peter noch alles in seinem Safe hatte, nickte ihm zu und hob dabei bedauernd die Schultern.

»Zufällig weiß ich, dass Sie hier Bargeld im Haus haben«, schleimte Herr Kleve nun süßlich.

»Ich habe Frau Beringer bereits Geld gegeben, aber nicht, weil ich in irgendeiner Weise von irgendjemand Geld genommen hätte. Tatsache ist, dass Frau Grütter mir das Geld aus freien Stücken geschenkt hat. Und ich weise Ihre Beschuldigungen entschieden zurück.«

Peters Blutdruck schnellte plötzlich in die Höhe, was man auch an seiner Hautfarbe sehen konnte und Ellen befürchtete, dass er gleich diesem Herrn Kleve an den Kragen gehen würde. Sie schaltete sich deshalb schnell vermittelnd in das Gespräch ein.

»Lieber Herr Kleve, sie gehen hier von falschen Voraussetzungen aus. Herr Struwe und ich leben hier in relativ bescheidenen Verhältnissen. Und Frau Beringer hat das ganze vorhandene Vermögen von Herrn Struwe nur deshalb erhalten, damit wir endlich in Ruhe und Frieden hier leben können. Es ist also so gut wie kein Geld mehr vorhanden. Und Ihre Beschuldigungen sind absurd und nicht haltbar. Wir möchten aber auch mit Ihnen keinen Ärger haben. Wie viel Geld wollen Sie denn, damit endlich Ruhe ist?«

Richard Kleve schaute nun ziemlich verblüfft zu Ellen, die ihn kämpferisch anschaute. Ganz schön mutig, die Dame, dachte er und kratzte sich am Kopf. »Ich dachte so an die einhunderttausend Euro, das müsste schon drin sein. Schließlich muss ich mit der Gewissheit leben, keine Anzeige erstattet zu haben. Da ist mein Gerechtigkeitssinn schon arg strapaziert. Eigentlich bin ich schon der Meinung, dass jeder Täter auch bestraft werden muss«, grinste er nun verschlagen und war sich ziemlich sicher, dass er nicht mit leeren Händen das Haus hier verlassen würde.

»Und dass Sie auch ein Täter sind, nämlich ein übler Erpresser, kommt Ihnen dabei nicht in den Sinn?«, stieß Peter hervor.

Ellen berührte Peter nun sanft am Arm und drängte ihn etwas zur Seite. Sie hatte wirklich Angst, dass Peter sich zu unüberlegten Handlungen hinreißen ließ.

»Wer sagt uns denn, dass Sie nicht in ein paar Wochen wieder kommen und uns weiter erpressen?«, fragte sie deshalb forsch und hielt Peter mit der Hand etwas in Schach.

»Gute Frau, was denken Sie von mir? Mein Wort muss Ihnen genügen.«

»Für wie dumm halten Sie uns eigentlich? Ich setze ein Schreiben auf, in dem Sie uns die Summe bescheinigen

und auch den Grund der Erpressung. So haben wir uns gegenseitig in der Hand.«
Ellen überdachte in Gedanken ihre finanzielle Situation. Sie wusste, dass Peter noch an die fünfhunderttausend Euro im Safe hatte. Und wenn sie ihr Geld noch dazu zählte, so hatten sie insgesamt fünfhundertfünfzigtausend Euro für ihr gemeinsames Leben Verfügung. Und Peter verdiente tagtäglich als Day-Trader auch noch so viel, dass sie davon leben konnten. Sie mussten sich also keine Sorgen machen. Deshalb ergriff sie selbstsicher erneut das Wort.
»Ich schlage folgendes vor, damit wir dieses Thema vom Tisch bekommen. Ich setze jetzt gleich ein Schreiben auf, in dem wir festhalten, dass Sie, Herr Kleve, von Herrn Struwe fünfzigtausend Euro erhalten für Recherchen über ihn. Sie garantieren uns mit diesem Schreiben schriftlich, dass Sie keine weiteren Forderungen an ihn stellen werden. Nur so können wir zusammen kommen.«
Peter staunte nicht schlecht, mit welcher Selbstsicherheit Ellen die Initiative ergriff. Man konnte meinen, dass sie das nicht zum ersten Mal machte. Er war wirklich beeindruckt. Aber nun schaltete er sich doch selbst wieder ein, nachdem er sich wieder etwas beruhigt hatte.
»Fünfzigtausend Euro ist das erste und einzige Angebot, das wir Ihnen machen. Mehr ist einfach nicht drin. Und das wirklich auch nur, weil wir unsere Ruhe wollen. Ich bin mir keinerlei Schuld bewusst.«
Wer weiß, was dieser Struwe alles angestellt hat, dachte er verzweifelt. Das scheint mir ja ein schöner Gauner gewesen zu sein.
»Also in Ordnung. Mit Fünfzigtausend kann ich leben, wenn Sie nicht mehr haben. Schließlich bin ich ja kein

Unmensch. Aber man hat ja auch so seine Unkosten«, sagte er fast entschuldigend und folgte Ellen zu ihrem Computer, die bereits eifrig den Vertragstext eintippte. Sie konnte das gespeicherte Formular von Frau Beringer einfach übernehmen und musste lediglich die Namen und die Summe austauschen.

»So, fertig! Bitte unterschreiben Sie hier«, forderte sie Herrn Kleve auf und hielt ihm ihren Kugelschreiber hin.

»Erst das Geld, dann die Unterschrift!«, meinte dieser lächelnd, worauf sich Peter in Richtung Safe bewegt.

»Ich komme mit, dass Sie mir keine Dummheiten machen«, meinte Herr Kleve und eilte hinter Peter her, dem das überhaupt nicht recht war.

Peter kletterte auf den Felsen und drehte den Einbauschrank zur Seite.

»Was haben wir denn da!«, staunte Herr Kleve nicht schlecht und bemühte sich, ebenfalls auf den Felsen zu klettern. Er wollte doch mit eigenen Augen sehen, ob das wirklich der Wahrheit entsprach, dass nur noch wenig Geld vorhanden war. Gerade als Peter den Safe öffnete und fünfzigtausend Euro abzählen wollte, merkte er, dass Herr Kleve eine Pistole aus seiner Jackentasche zog, die er auf ihn richtete.

»Moment mal. Jetzt nehmen Sie mal ganz langsam die Hände hoch und lassen Papi in das Schatzkästchen schauen. Mal sehen, ob das wirklich nur noch fünfzigtausend Euro sind«, drohte er und kam auf unsicheren Beinen auf dem glatten Felsen langsam hochgeklettert.

Plötzlich sprang aus der oberen Felsecke ein fauchendes Etwas, das Herrn Kleve so sehr erschreckte, dass ihm vor Schreck die Pistole aus der Hand fiel und er haltlos und polternd vom glatten Stein abrutschte. Dem Schrei folgte ein dumpfer Aufprall mit anschließender Totenstille. Peter stand vor Schreck der Mund offen und auch er konnte sich nur mühsam festhalten. Er beugte sich vornüber und sah, dass sich unterhalb von ihm eine große Blutlache ausgebreitet hatte.

»Haben Sie sich verletzt?«, rief er hinunter. Als keine Antwort kam, kletterte er äußerst vorsichtig und langsam wieder den Felsen hinunter und sah, dass ein blutender Herr Kleve ihn mit toten Auge ansah.

»O mein Gott! Ellen komm schnell!« Er brüllte diese Worte förmlich aus sich heraus und war einfach unfähig, sich zu bewegen.

Es dauerte eine Weile, bis Ellen sein Rufen hörte. »Hast du gerufen, ist was passiert?«, vernahm er ihre ängstliche Frage.

»Komm schnell, ich glaube, Herr Kleve ist tot!«

Vor Schreck leichenblass, sah er Ellens schockierten Blick.

»Was ist denn passiert?«

»Er hat mich mit der Waffe bedroht und wollte selbst in den Safe schauen, weil er uns nicht glaubte. Und da muss diese Katze, die schon immer hier rumschleicht, oben auf dem Felsen gelegen haben. Die hat sich erschreckt und ist fauchend aus ihrem Versteck gesprungen, worauf Herr Kleve vor Schreck abgerutscht und unten auf dem spitzen Felsvorsprung aufgeschlagen ist. Er war sofort tot.«

Peter war ziemlich atemlos. Es fiel ihm schwer, überhaupt einen Ton herauszubringen.

»Was machen wir nur jetzt?«, fragte er ratlos.

Ellen hatte es ebenfalls die Sprache verschlagen. Stumm und nachdenklich stand sie eine Weile wie gelähmt, bevor sie sich erst einmal auf den kleinen Schemel setzte,

der als Trittleiter diente. Eine Weile schwiegen beide. Ellen ergriff als erste das Wort.
»Fass bloß nicht die Waffe an«, beschwor sie Peter. » Wir müssen die Polizei holen! Wir sagen, dass er ein Einbrecher ist, der uns bedroht hat und unser Geld aus dem Safe wollte.«
»Das ist gut, das macht Sinn«, sinnierte Peter und bückte sich, um Herrn Kleve abzutasten.
Er fühlte, dass etwas Dickes in seiner Jackentasche war und griff danach. Er zog einen dicken Umschlag hervor, der alle Unterlagen über seine Person enthielt. Weiter einen kleinen Umschlag, der ihm sehr bekannt vorkam. Er enthielt die einhunderttausend Euro und das Schriftstück, das sie Frau Beringer übergeben hatten.
»Was ist denn das? Das ist doch das Geld von Frau Beringer und unser Vertrag mit ihr.«
Peter staunte nicht schlecht und beide rätselten, was das denn zu bedeuten habe.
»Das wird er Frau Beringer geklaut haben«, meinte Ellen. »Anders kann es nicht sein«, sagte sie bestimmt und nahm alles gleich an sich.
»Du musst den Safe fast leer machen, falls die Polizei da reinschauen will. Das viele Geld müssen die nicht sehen. Lass uns erst mal einen genauen Plan machen, wie wir weiter vorgehen, damit wir keinen Fehler machen.«
Ellen hatte nun ihre alte Selbstsicherheit wieder gewonnen und nickte Peter aufmunternd zu, der sich auch so langsam von seinem Schock erholte.
»Offensichtlich ziehe ich das Unglück nur so an«, meinte er niedergeschlagen, worauf ihn Ellen fest in die Arme nahm.

»Peter, für all die schlimmen Dinge kannst du doch nichts. Das sind unglückliche Verstrickungen, die nun bestimmt ein Ende gefunden haben. Was soll denn jetzt noch passieren?«
»Du hast Recht, wir müssen nun einen kühlen Kopf bewahren und genau festhalten, was wir der Polizei sagen werden. Wo steht denn das Auto von diesem Herrn hier?«
Dabei deutete er auf den am Boden liegenden Toten, unter dem sich die große Blutlache weiter ausgebreitet hatte.
»Ich schlage Folgendes vor.«
Ellen holte tief Luft und erzählte nun, was sie sich spontan ausgedacht hatte.
»Wir sind zur Zeit hier oben am Berg so ziemlich allein. Alle Nachbarn sind noch nicht da. Wir können sagen, dass wir von einem Spaziergang mit unserem Hund zurückkamen und du diesen toten Mann hier vorgefunden hast, als du etwas Geld aus deinem Safe holen wolltest. Er muss in der Zwischenzeit hier eingebrochen sein und den Safe entdeckt haben. Auf dem Felsen ist er dann, wie es ja auch der Wahrheit entspricht, ausgerutscht und hinunter gestürzt. Mehr müssen wir eigentlich nicht sagen.«
»Ja, das klingt ganz gut«, meinte Peter. »Aber wieso hatte er eine Pistole? Das kann zu Widersprüchen führen. Besser ist, wir sagen, dass er uns mit der Pistole bedroht hat und ich ihm den Safe zeigen musste. Denn wie hätte er sonst wissen sollen, wo der Safe ist?«
»Stimmt! Wir sagen, dass er Grüße von Frau Beringer ausrichten wollte und wir ihn deshalb hereingebeten haben. Dann hat er uns plötzlich mit dem Revolver bedroht und Geld verlangt. Dann bist du mit ihm zum Safe gelaufen und er ist hinunter gestürzt. Ja, ich finde, das klingt glaubhaft.«

Peter leerte bis auf wenige tausend Euro den Safe und übergab alles an Ellen. Sie hatte bereits eine große Reisetasche geholt, in der sie das Geld, die Aufzeichnungen des Herrn Kleve und den Umschlag mit den einhunderttausend Euro von Frau Beringer verstaute.

»Das lege ich zu meinen Koffern im Kleiderschrank«, meinte sie zuversichtlich, da schaut bestimmt niemand nach. Was meinst du, wie viel Geld wird das noch sein?«

»Nach meiner Rechnung waren das mit dem Geld von Frau Beringer so an die sechshunderttausend Euro. Das heißt genau, uns gehören nur noch diese fünfhunderttausend Euro plus deine fünfzigtausend Euro. Das ist zwar nicht mehr viel für unser restliches Leben. Aber ich habe ja immer noch die Wohnung am Bodensee, die ich zur Not wieder verkaufen könnte. Und außerdem verdiene ich mit dem Day-Trading regelmäßig was dazu. Ich denke, damit müssten wir für den Rest unseres Lebens ganz gut hinkommen.«

»Aber ja! Deshalb frage ich nicht. Ich will nur wissen, was ich sagen soll, falls die Polizei doch das Geld findet. Wir könnten dann ja sagen, dass das unsere gesamten Ersparnisse sind, die wir zusammengelegt haben. Aber hoffen wir mal, dass so eine Frage überhaupt nicht gestellt wird.«

Die Polizei war da

»Es ist vorbei!« Peter strahlte Ellen überglücklich an. Die letzten Beamten hatten gerade das Haus verlassen. Der Tote war bereits abtransportiert und ihre Geschichte hatte die Polizei geglaubt. An der Pistole waren nur die Fingerabdrücke des Toten und an dem Felsen konnten alle Spuren des Absturzes dokumentiert werden. Einbrüche waren zum Glück hier oben am Berg an der Tagesordnung, da die meisten Häuser nur sporadisch als Ferienhäuser genutzt wurden, so auch die direkt angrenzenden Nachbarhäuser. Man vermutete sogar, dass der Tote noch für andere Einbrüche hier am Hang verantwortlich war. Auch deutsche Einbrecher waren vor Kurzem hier am Hügel aktiv gewesen. Sie kamen mit einem Lieferwagen und hatten ein ganzes Haus leergeräumt.

Es war also alles sehr glaubhaft und Ellen und Peter mussten sich keine weiteren Gedanken machen. Es war eine große Erleichterung für beide.

»Jetzt müssen wir nur noch Frau Beringer aufsuchen, denn ihr wurde ja offensichtlich das Geld gestohlen und wir wollen doch auch mit ihr keinen weiteren Ärger haben. Hat sie dir denn gesagt, in welchem Hotel sie wohnt?«

»Sie wohnt in keinem Hotel. Sie hat sich ein kleines Steinhäuschen in Laiguelia direkt am Meer gemietet. Aber ich weiß nicht genau wo.«

»Dann weiß ich schon welches«, meinte Peter bestimmt. »Ich war damals im Immobilienbüro in Laiguelia, als ich hier ein Haus gesucht habe. Da wurde mir erst einmal ein Steinhäuschen zur Miete angeboten. Das kann es nur sein. Ich fahre am besten gleich zum Makler und erkundige mich.«

Peter steckte den Umschlag mit dem Geld ein und küsste Ellen herzlich auf den Mund.

»Bin gleich wieder da!«, strahlte er sie an. »Alles wird gut!« Und schon bald hörte sie, wie sein Auto in der Ferne verschwand.

Alles wird gut

Ellen war schon ganz unruhig. Peter war bereits mehrere Stunden weg und sie konnte ihn auch nicht auf seinem Handy erreichen. Es wird doch nichts passiert sein, dachte sie ängstlich. Allmählich reicht es doch! Sie war so besorgt, dass sie sich einen Cognac eingoss, um ihre Nervosität etwas in den Griff zu bekommen. Die Erlebnisse der letzten Tage waren doch etwas zu viel für ihre Nerven und sie wunderte sich über sich selbst, wie cool sie teilweise reagiert hatte.

Peter hatte auch nicht schlecht gestaunt. Bei diesem Gedanken musste sie doch etwas lächeln. Aber es beschlich sie eine dunkle Vorahnung. Wo bleibt er nur?

Der schlafende Bobby lag auf ihrem Schoß und streckte genüsslich alle Viere in die Luft und Ellen graulte ihm gedankenverloren die Ohren. Plötzlich hörte Ellen, dass das Tor aufgeschlossen wurde und schnell eilte sie Peter entgegen.

»Wo warst du denn so lange? Ich habe mir schon Sorgen gemacht.«

Peter sah sehr blass aus. Er nahm sie erst einmal schweigend in seine Arme und drückte sie ganz fest an sich.

»Du glaubst es nicht!«, schnaubte er und hielt Ellen von sich ab, damit er ihr in die Augen sehen konnte. »Das ist alles so was von verrückt! Stell dir vor, ich klingele an der Tür des Ferienhauses und es öffnet mir der Immobilienmakler. Der war ganz bleich im Gesicht und fragte mich ziemlich atemlos, was ich denn hier wolle. Ich sagte ihm, dass ich Frau Beringer in einer persönlichen Angelegenheit sprechen möchte. Und da sagte er ...«

Peter musste erst einmal Luft holen, bevor er weitersprach.

»Da kommen Sie leider zu spät. Frau Beringer wurde gerade vom Bestatter abgeholt. Sie ist verstorben. Wahrscheinlich weil sie Diabetikerin war und sich ihr Insulin nicht rechtzeitig gespritzt hat. Die Polizei hat ihre Spritzen gefunden und will die Sache noch näher untersuchen. Aber alles deutet darauf hin, dass sie wohl zu tief ins Glas geschaut hat, eingeschlafen ist und deshalb ihre Spritze vergessen hat. Sie ist dann wohl ohnmächtig geworden und verstorben.«
Ellen schaute Peter fassungslos an. Sie bekam mächtiges Herzrasen und brauchte einige Sekunden, bevor sie überhaupt etwas sagen konnte.
»Nehmen die Schreckensmeldungen denn kein Ende? Und das Geld, was ist damit?«, fragte sie atemlos.
Peter holte den Umschlag aus seiner Jackentasche und hielt ihn Ellen vor die Nase.
»Das Geld ist hier drin! Das wird sie wohl nicht mehr brauchen und den Vertrag können wir auch vernichten. Damit hätten wir einhunderttausend Euro gespart«, meinte er sarkastisch und musste nun doch etwas grinsen.
»Weißt du was? Wir werden das als glücklichen Zufall betrachten und fahren zur Erholung erst einmal ein paar Tage in Richtung Rom und dann nach Sizilien, da wollte ich immer schon mal hin. Was meinst du dazu?«, fragte Peter hoffnungsvoll.
»Deine Tochter und ihr Freund könnten in dieser Zeit hier Urlaub machen, damit unser Haus nicht leer steht.«
»Jetzt fangen wir endlich an, normal zu leben, mein liebster Piet«, meinte Ellen glücklich und betonte seinen neuen Namen ganz besonders.
Sie umschlang Piet und drückte ihn fest an sich. »Alles Schlimme der letzten Zeit werden wir ganz schnell ver-

gessen und uns ganz auf unser neues Leben konzentrieren. Darauf freue ich mich wahnsinnig. So schnell kann uns jetzt nichts mehr umhauen. Wir sind frei von allen Verpflichtungen und werden unser Leben von nun an in vollen Zügen genießen. Und weißt du was? Lass dir doch die Haare wieder kurz schneiden und dein Silbergrau zum Vorschein kommen. Vielleicht mit einem schicken Dreitage-Bart. So könntest du mir bestimmt sehr gut gefallen.«

»Genau, so machen wir das!« Peter strahlte sie an wie ein Honigkuchen. Worauf ihn Ellen erneut ganz fest umarmte und beide tanzten auf ihrer Terrasse in ihr neues Leben.

Ende

Liebe Leserin, lieber Leser!
Danke, dass Sie dieses Buch gelesen haben. Ich hoffe sehr, dass es Ihnen gefallen hat. Sollte dies der Fall sein, würde ich mich über eine positive Rezension ganz besonders freuen.

Vielleicht interessieren Sie sich auch für meine anderen Bücher, die im Online-Buchhandel erhältlich sind.

Leseprobe: Das Gift des Oleanders

Susannes Büro

»Was für ein stressiger Tag heute«, stöhnte Susanne ins Telefon. Sie lehnte sich in ihrem Bürostuhl zurück, dessen Lehne gefährlich ächzende Geräusche von sich gab und sie sogleich daran erinnerte, dass sie unbedingt beim Chef einen neuen Stuhl beantragen sollte. Überhaupt müsste das Büro wieder etwas überholt werden, dachte sie müde und abgespannt. Ein kurzer Blick in den gegenüberliegenden Spiegel signalisierte ihr, dass das Gleiche heute auch auf sie zutraf.

»Ich brauche unbedingt Tapetenwechsel«, stöhnte sie ins Telefon und rieb sich dabei sanft die Schläfen.
»Ich freu' mich auf einen gemütlichen Abend mit dir Bella, wir können uns ja vom Thailänder wieder etwas kommen lassen, was meinst du?«
Am anderen Ende der Leitung war freudige Zustimmung zu hören. Susanne dreht sich um und schaute lächelnd auf das liebevoll eingepackte Geschenk auf ihrem Aktenschrank.

»Ich bringe auch noch ein gutes Tröpfchen mit. Mein Chef hat mir gestern was spendiert. Wir machen uns dann wieder den üblich faulen Mädchenabend!« Dabei schnurrte sie genüsslich ins Telefon und legte nebenbei ihre Akten ordentlich aufeinander.
»Ich komme wie immer gegen neunzehn Uhr am Bahnhof an. Also, tschüss Bella, bis später!«
Susanne legt langsam den Hörer auf und schaute nachdenklich aus dem Fenster. Sie überlegte, wie sie der Freundin heute Abend schonend beibringen konnte, dass ihr sogenannter ›Zukünftiger‹ schwul war. Das wird sie umhauen, dachte sie besorgt und packte in Gedanken versunken ihre Utensilien zusammen, da sie gleich Feierabend machen wollte. Sie schaute noch kurz bei ihrem Chef ins Zimmer. »Ich geh‘ heute eine halbe Stunde früher, Chef. Ich treffe mich mit Bella. Da genießen wir gleich mal den guten Tropfen, den Sie mir gestern geschenkt haben.« Dazu schwenkte sie eine Rotweinflasche, an der ein bunter Anhänger mit Schleife hing. »Die Unterlagen für Merkel & Co. habe ich bereits fertig. Wir können morgen präsentieren.«
»In Ordnung, Susanne! Einen schönen Abend wünsche ich«, gab Max Milde zur Antwort und schaute wohlwollend lächelnd über seinen Brillenrand.
Er mochte diese aufgeweckte, attraktive Person, die mit ihrer Meinung nie hinter dem Berg hielt und immer eine kreative und zuverlässige Mitarbeiterin war.
Susanne kaufte noch am gegenüberliegenden Kiosk einige Magazine. Die musste sie aus beruflichen Gründen regelmäßig nach Konkurrenzanzeigen durchsehen. Sie war Kontakterin der Max Milde Werbeagentur GmbH und Konkurrenzbeobachtung gehörte zu ihrem Job.

Zu ihrer Wohnung war es nicht weit. Mit viel Glück und der notwendigen Zähigkeit war es ihr gelungen, in der Nähe der Agentur, eine hübsche Altbauwohnung mit Balkon zu ergattern. Die war zwar ziemlich teuer, aber ideal geschnitten. Was sie an Miete mehr als üblich bezahlte, sparte sie an Benzinkosten wieder ein. Auf ein Auto hatte sie inzwischen ganz verzichtet, da es hier im Frankfurter Westend ohnehin keine Parkplätze gab und sie sich fast ausschließlich nur in Frankfurt aufhielt. Außerdem konnte sie, wenn nötig, ein Firmenfahrzeug bekommen. Ihr Chef war da sehr großzügig.
Beschwingt betrat sie ihre hübsch eingerichtete Wohnung, legte ihre Tasche und die Magazine auf den Tisch und warf auf dem Weg zur Dusche ein Kleidungsstück nach dem anderen auf den Fußboden. Sie wollte sich erst frisch machen und ihren neuen, teuren Hosenanzug anziehen, den sie sich vorgestern in der Fressgasse gekauft hatte. Er sah einfach umwerfend aus und betonte ihre schlanke Figur ganz besonders. Danach beabsichtigte sie, mit der S-Bahn zu Bella in den Taunus fahren, die sie dort wie üblich am Bahnhof abholen wollte.

Laura

»Diese verdammten Motorradfahrer!«, schimpfte Laura laut vor sich hin. Auf der nahen Uferstraße brausten wieder mehrere dieser Höllenmaschinen mit tosendem Lärm vorbei. Ausgerechnet in der Nähe ihrer Villa war die ansonsten kurvenreiche Strecke begradigt, sodass hier die meisten Motorradfreaks besonders stark den Gashahn aufdrehten. Zahlreiche Kreuze und hinterlegte Blumensträuße von trauernden Hinterbliebenen zeigten an, dass so mancher Raser auf dieser gefährlichen Straße sein

Leben lassen musste. Die schrillen Sirenen der Ambulanz waren leider oft genug zu hören und die Gefährlichkeit dieser malerischen, aber kurvenreichen Straße, wurde nur allzu oft unterschätzt.
Laura atmete tief den Geruch des frisch gemähten Rasens ein, der sich mit dem Duft der leuchtend gelben Mimose vermischte. Sie schloss das Fenster zur überdachten Terrasse. Es war schon sehr warm für diese Jahreszeit, wodurch bereits die ersten Touristen angelockt wurden. Gerade jetzt zu Ostern kamen überwiegend Schweizer und Deutsche, die hier am Lago ein Ferienhaus oder eine Wohnung besaßen, um die ersten warmen Tage des Jahres zu genießen. Und weil es schon so herrlich warm war, hatten bereits viele Cabriofahrer ihre Verdecke geöffnet und genossen die herrlichen Blütendüfte, die ihnen aus den üppig bepflanzten Gärten entgegen wehten. Wer die Sonne jetzt ungeschützt und unbekümmert in vollen Zügen genoss, konnte sich schnell den ersten Sonnenbrand einfangen. Sie hatte um diese Zeit hier am Lago Maggiore schon enorm viel Kraft und war sehr intensiv. Ja, selbst im Winter war es möglich, bei Sonnenschein auf der Terrasse zu liegen, die Schönheit des Sees und die meist schneebedeckten Berge zu genießen. Es war einfach ein wunderschönes Stückchen Erde hier rund um den See und Laura bedauerte keine Sekunde, ihre Wohnung in Milano aufgegeben zu haben. Wenn sie Lust hatte, das Stadtleben zu genießen, und das war in letzter Zeit sehr selten, setzte sie sich in ihren silberfarbenen Lancia. Wenn sie die Strecke über die Autobahn nahm, war sie in eineinhalb Stunden mitten in Milano zum Bummeln. Meistens besuchte sie dann einige alte Freunde, ging schick essen und war abends aber heilfroh, wenn sie dem Trubel der Groß-

stadt wieder entfliehen und in ihr Refugium zurückkehren konnte. Spätestens dann, wenn sich das imposante schmiedeeiserne Tor zu ihrem Anwesen öffnete und sie durch ihren parkartigen Garten hoch zum Haus fuhr, fühlte sie sich glücklich und zufrieden. Sie war froh über ihre Entscheidung, von Milano hier aufs Land gezogen zu sein. Denn trotz aller Schickeria, die sich auch hier mittlerweile breitmachte, war es doch eine ländliche Umgebung mit meist einfachen Leuten, die vor dem Touristenstrom Bauern und Fischer gewesen waren. Inzwischen hatten viele Einheimische ihr Land an Deutsche, Schweizer und natürlich an Milaneser verkauft, die sich hier Ferienhäuser und Villen gebaut hatten. Manch einer bereute diesen Schritt heute, da er selbst die Immobilienpreise für sich und seine Kinder nicht mehr bezahlen konnte.
Laura rief nach Maria, ihrer bodenständigen und liebenswerten Haushälterin. Sie lebte mit ihrem Mann im früheren Gärtnerhaus. Lauras Vater, der Maria vor über dreißig Jahren als Haushälterin eingestellt hatte, bot ihr nach ihrer Heirat mit Alfredo das Gärtnerhaus zum kostenlosen Bewohnen an. Sie und ihr Mann mussten dafür Haus und Garten pflegen und erhielten noch ein gutes monatliches Gehalt. Das besserte das geringe Einkommen von Alfredo auf, der in Intra als Bauarbeiter beschäftigt war. Immer, wenn Laura und ihr Vater zum Lago kamen, wurde Maria kurz vorher telefonisch informiert. Sie bereitete dann alles vor, um ihnen einen angenehmen Aufenthalt zu gewährleisten. Nachdem Laura letztes Jahr fest in die Villa umgezogen war, wurde dieser Rhythmus etwas verändert. Maria musste nun täglich das Frühstück vorbereiten und zur Mittagszeit einen leichten Imbiss servieren. Ansonsten

kümmerte sie sich um den Haushalt, ging einkaufen und war überhaupt das Mädchen für alles. Erst abends gab es für Laura die eigentliche Hauptmahlzeit, es sei denn, Laura hatte vor, zum Essen auszugehen.
Ihr Mann Alfredo erledigte die kleineren Ausbesserungsarbeiten und pflegte den Garten. Er war handwerklich sehr geschickt, aber für die etwas feineren gärtnerischen Belange nicht so gut zu gebrauchen. Dafür war er einfach zu unwissend in botanischen Angelegenheiten. Aber Bäume schneiden, Rasen mähen und hier und da mal etwas umpflanzen, dafür konnte man ihn gut einsetzen. Alles andere behielt sie sich selbst vor. Gartenarbeit machte ihr Spaß und gerade jetzt im Frühling, wenn alles aus dem Winterschlaf erwachte, freute sie sich auf ihren täglichen Gartenrundgang nach dem Frühstück. Dann genoss sie den herrlichen Blütenduft, der ihr aus jedem Winkel des Gartens entgegen wehte. Sie betrachtete jede Pflanze ganz genau und wunderte sich, wie schnell und problemlos hier alles am Wachsen war.
Meist verließ sie ihr Bett nicht vor neun, halb zehn. Zuerst trödelte sie im Bad lange herum, machte etwas Gymnastik und nahm erst nach dem Anziehen ein leichtes Frühstück ein. Es bestand, wie in Italien üblich, aus Caffè lungo mit ein bis zwei Brioche – fertig. Weil sie sich nun die neu gewonnene Freiheit nahm, lange zu schlafen, stellte ihr Maria das Frühstück stets abgedeckt vor die Schlafzimmertür.
Sie empfand es als Luxus, nicht mehr mit der Stoppuhr aufstehen zu müssen, nicht ins Büro zu hetzen und bereits um neun Uhr die ersten Termine zu haben. Deshalb wollte sie Maria um diese Zeit auch noch nicht um sich haben. Sie wollte keinerlei Zwänge mehr und zukünftig nach

Lust und Laune in den Tag leben und das Leben genießen. Ihr morgendliches Frühstück nahm sie in ihrem sehr geräumigen Schlafzimmer im ersten Stockwerk ein. Von hier aus hatte sie einen exorbitanten Blick über den See und die Berge.

Leseprobe:
Die Polin und die alten Männer

Bad Soden 2006 – der Sturz

Ohrenbetäubendes Sirenengeräusch drang durch die Straßen der Kleinstadt. Es schreckte die Bewohner des achtstöckigen Hochhauses auf, die an ihre Fenster stürmten. Alle wollten sehen, was los war.
Blaulichter wohin man sah. Sanitäter und Notärzte rannten vor dem Haupteingang routiniert mit einer Tragbahre Richtung Notarztwagen. Auch Polizisten waren vor Ort. Sie sperrten das Areal weitläufig ab. Zufällig vorbeikommende Gaffer sowie einige Nachbarn der angrenzenden Ein- und Zweifamilienhäuser kamen angelaufen. Sie drängelten sich hinter dem Absperrband, um ja nichts zu verpassen.
»Da ist jemand runtergesprungen!«, rief ein Schaulustiger einem anderen zu.
»War wohl Selbstmord!«
Ein Sanitäter schubste einen der Gaffer grob zur Seite.

»Machen Sie doch Platz! Sie behindern nur unsere Arbeit. Gehen Sie nach Hause, hier gibt es nichts zu sehen!«

An der Eingangstür stand eine kleine Gruppe aufgeregter Menschen zusammen: Bewohner des Hauses, die sich um eine ältere Frau gruppiert hatten, die redete aufgewühlt auf die anderen ein. Augenscheinlich wusste sie mehr über das, was passiert war. Einer der beiden Notarztwagen raste mit schrillem Martinshorn Richtung Krankenhaus davon.

Der leitende Polizist ging auf die Hausbewohner zu, um sie zu befragen. Die ältere Dame, die sich vorher deutlich hervorgetan hatte, wurde als Erste befragt.

»Ich bin die Hausmeisterin und heiße Elvira Schneider«, erklärte sie atemlos mit hochrotem Kopf.

»Ich habe alles genau gesehen, weil ich gerade Unkraut vor dem Haus gezupft habe. Die anderen Herrschaften sind erst später dazu gekommen.«

Nun musste sie erst einmal tief Luft holen, um weitersprechen zu können.

»Mir war vorher schon aufgefallen, dass Frau Mehring, so heißt die Frau, am Notausgangsbalkon der achten Etage runtergeschaut hat. Ich habe ihr noch einen Gruß hinaufgerufen, den sie allerdings nicht erwidert hat. Plötzlich hörte ich neben mir einen lauten Knall und dann sah ich Frau Mehring hier aufschlagen. Sie wohnt oben in der Penthousewohnung. Ihr Mann ist nicht zu Hause. Ich habe ihn vor ungefähr einer Stunde wegfahren sehen.«

Frau Schneider griff sich erneut ans Herz und sprach stockend, holte immer wieder tief Luft.

»O Gott, o Gott! Was wird ihr Mann nur sagen, wenn er nach Hause kommt!«
Sie war völlig durch den Wind und wedelte sich ständig mit einem Papierstück frische Luft zu.
»Hier, nehmen Sie erst einmal einen Schluck Wasser zur Beruhigung, sonst kippen Sie mir noch um.«
Der Polizist hakte sich bei ihr ein und begleitete die Hausmeisterin zurück in ihre Wohnung. Sicherheitshalber rief er nach einem der Notärzte, damit er sich um die Dame kümmerte, die offensichtlich einen Schock erlitten hatte.

Am nächsten Tag konnte man in der Zeitung lesen ...
Aus dem 8. Stock gesprungen und überlebt!
Die 38-jährige Anke M. überlebte den Sprung aus dem 8. Stock vom frei zugänglichen Notausgangsbalkon. Die Polizei stellte keine Anzeichen äußerer Gewalteinwirkung fest und schloss die Ermittlungen relativ schnell ab. Sie ging von versuchtem Selbstmord aus, vermutlich hervorgerufen durch Depressionen, infolge widriger Lebensumstände. Die junge Frau war drei Meter über dem Betonboden auf ein Vordach geprallt und kam mit Knochenbrüchen davon. Die Polizei spricht von unglaublichem Glück und einer Heerschar von Schutzengeln.
Die Ärzte des Kreiskrankenhauses gaben nach ersten Untersuchungen bekannt, dass keine Lebensgefahr mehr bestünde. Sie erlitt mehrere Brüche im Schultergelenk und im Becken. Die inneren Verletzungen müssen erst noch abgeklärt werden.

Masuren, Polen – Ewas Zuhause

Es war heiß an diesem Sommertag. Abgespannt fuhr Ewa ganz langsam in die kleine enge Gasse hinein. Sie war beidseitig gesäumt von verwitterten, schmucklosen Häusern, die in direkter Nachbarschaft zu ihrem nicht weniger heruntergekommenen Haus standen. Mit einem kratzenden Geräusch schaltete sie einen Gang zurück. Nun musste sie etwas mehr Gas geben, um mit ihrem rostigen Golf die holprige Zufahrt zu ihrem Haus hinaufzukommen.

Oben parkte sie ihr Auto im kühlen Schatten des Kirschbaums, der schon seit ihrer Kindheit an dieser Stelle stand. Er hatte sich im Laufe der Jahre zu einem mächtigen Baum mit ausladender Krone entwickelt.

Immer wenn ihr Vater wieder einmal betrunken nach ihr suchte und seine immense Wut an ihr auslassen wollte, hatte sie als Kind in seinen Ästen Zuflucht gefunden.

Meist hatte er zuvor schon ihre Mutter mit Schlägen traktiert, die es glücklicherweise doch immer wieder schaffte, durch die Hintertür zu ihrer Nachbarin zu flüchten. Das war schon über zehn Jahre her. Ihre Mutter konnte sich nun auf dem Friedhof von ihrem leidvollen Leben an der Seite eines gewalttätigen Alkoholikers erholen. Sie starb mit nur neunundvierzig Jahren an einem zu spät diagnostizierten Lymphdrüsenkrebs. Das schreckliche Dahinsiechen der Mutter war eine schlimme Zeit für Ewa, in der sie, damals gerade Anfang zwanzig, Haushalt, Beruf und Pflege unter einen Hut bringen musste.

Auch heute hoffte sie, dass der Vater nicht zu Hause war.

Sie verschloss ihr Auto und spähte ängstlich durch das Küchenfenster und lauschte, ob sie irgendwelche Geräusche vernehmen konnte.
Im Grunde befand sie sich im besten Heiratsalter. Aber Kandidaten traten weit und breit nicht in Sicht. Die jungen Männer, die Ewa gefielen, waren entweder bereits vergeben oder auf der Suche nach einem besseren Leben ins Ausland abgewandert. Außerdem war Ewa nicht gerade eine Schönheit, kein Mann hatte sich bis dato ernsthaft für sie interessiert. Von der Natur mit roten Haaren und einer blassen Haut ausgestattet, von Sommersprossen übersät, wurde sie schon in der Schule von ihren Mitschülern gehänselt. »marchewka, marchewka«, Karotte, riefen sie immer laut lachend hinter ihr her. Sie lief anfangs oft weinend nach Hause. Im Laufe der Jahre prallte diese Hänselei immer mehr an ihr ab, wenn sich diese Zeit auch tief in ihre Seele eingebrannt hatte. Die Anspielungen auf ihre Haarfarbe ließ mit der Zeit auch nach, aber den Spitznamen ›marchewka‹ behielt sie.
Das harte Leben mit ihrem aufbrausenden Vater und der kranken Mutter hatte Spuren in ihrem Gesicht hinterlassen. Sie war mit der Zeit immer mehr zu einer traurigen Gestalt geworden, der man ansah, dass ihr Leben kein Zuckerschlecken war. Und Geld für schöne Dinge wie Kleidung und Kosmetik blieb sowieso nicht übrig. Meistens trug sie die Kleider ihrer Verwandten und Bekannten aus dem Ausland auf; die wussten, in welch ärmlichen Verhältnissen die Familie lebte. Dass der Vater das wenige Geld versoff, war allgemein bekannt. Er hatte vor vielen

Jahren seinen Job verloren und sich danach immer mehr dem Alkohol hingegeben. Nicht einmal für die Beerdigung der Mutter blieb genügend Geld übrig. Deshalb musste die Gemeinde die anfallenden Gebühren übernehmen, wofür Ewa sich heute noch schämte.
Der Tod der Mutter machte alles nur noch schlimmer. Von da an war es normal, dass sie den Vater nur noch betrunken erlebte. Schon morgens brauchte er seine Ration, um sich dann tagsüber mit seinen Saufkumpanen den Rest zu geben. Die Folgen nahm sie als verheerend wahr: Am schlimmsten war es, wenn er die ganze Wohnung vollkotzte oder noch schlimmer, sich in die Hosen machte. Damit nicht genug: Eines Tages öffnete er ihren Kleiderschrank und urinierte einfach hinein. Widerlich!
»Du ekliges Schwein! Ich kann dich nicht mehr ertragen, du bist einfach nur widerwärtig!«, brüllte sie ihn wütend an.
»Halt's Maul, du alte Schlampe!«
Der ordinären Antwort folgte auch noch ein Schlag ins Gesicht.
Ewa kotzte dies alles an und mehr als einmal wünschte sie sich, dass der Vater einfach nicht mehr nach Hause kommen würde.
So bestand ihr trauriges Leben nur aus Aufstehen, zur Arbeit gehen und den Haushalt einigermaßen sauber zu halten. Einzig Milena, eine lustige Dunkelhaarige, mit der sie schon seit der Grundschule befreundet war, stand ihr immer zur Seite. Sie kannte ihre schwierige familiäre Situation und verteidigte sie oft, wenn andere Witze über ihr ärmliches Äußere machten.

Zu ihrem Leidwesen war Milena jedoch bereits vor einem Jahr nach Deutschland zum Arbeiten ausgewandert. Dort konnte sie mehr als das Dreifache verdienen.
Zuerst jobbte sie als selbstständige Erntehelferin mit Wohnsitz in Polen bei der Spargel- und Obsternte und als Serviererin in Hotels und Gaststätten. Das war zwar auch kein Zuckerschlecken, aber der Lohn dafür stellte sich im Vergleich zu Ewas Einkünften als phänomenal heraus. Wenn sie nach Polen mit dem Bus zurückkam, war sie meistens super modisch gekleidet und brachte viele Geschenke für Freunde und Familie mit.
»Komm doch auch mit nach Deutschland!«, drängelte sie ständig. »Dann könnten wir zusammen eine kleine Wohnung mieten, uns den Haushalt und die Kosten teilen. Das wäre doch toll!«
Wie gern hätte Ewa Ja gesagt. Aber sie konnte ihren Vater nicht allein zurücklassen. Wenn sie ihn auch mehr und mehr hasste, ja, sich sogar häufig vor ihm ekelte, so hatte sie doch ein hohes Verantwortungsbewusstsein.
Schließlich hatte es auch mal bessere Zeiten mit ihrem Vater gegeben. Zeiten, in denen er noch regelmäßig arbeitete und liebevoll mit ihr umgegangen war. Dieses *Früher* hielt sie sich stets dann vor Augen, wenn er mal wieder besoffen herumkrakeelte und die Wohnung einsaute.
Schlimm war, dass er immer aggressiver und obendrein handgreiflicher wurde. Einmal fasste er sie an den Busen und wollte sie weiter begrabschen. Dabei rief er den Namen ihrer Mutter. Wahrscheinlich war er so desorien-

tiert, dass er glaubte, ihre Mutter vor sich zu haben, der sie auffallend ähnlich sah. Diesen Übergriff konnte sie nur abwehren, indem sie vor ihm floh und sich in ihr Zimmer einschloss. Daraufhin rüttelte er an der Türklinke, brüllte vor ihrem Zimmer unflätig herum und es dauerte einige Zeit, bis er sich wieder beruhigt hatte. Diese Vorkommnisse hinterließen bei ihr ein unbeschreibliches Hassgefühl, das sie nur schwer kontrollieren konnte.

Immer öfter ging sie ihm aus dem Weg und schloss sich in ihr Zimmer ein. Manchmal sah sie ihn nahezu eine Woche überhaupt nicht. Da er sowieso fast nie zu Hause war, wenn sie von der Arbeit kam, konnte sie sich in Ruhe ein Abendessen machen. Sie stellte für ihn dann nur noch eine Kleinigkeit in den Kühlschrank. Aber meistens war er so besoffen, dass er das nicht einmal bemerkte. Wenn sie Glück hatte, lag er morgens in seinem Bett und schlief seinen Rausch aus. Wenn sie Pech hatte, lag er zusammengekauert auf dem Fußboden – in der Regel in Erbrochenem oder schlimmer noch, wenn er sich mal wieder in die Hose gemacht hatte. Es wurde immer unerträglicher und es ging allmählich über ihre Kräfte, den Haushalt noch halbwegs sauber zu halten.

Manchmal dachte sie ernsthaft daran, ihre Koffer zu packen und Milena nachzureisen. Aber ihr schlechtes Gewissen plagte sie sofort und sie dachte an das Versprechen, das sie ihrer Mutter am Sterbebett gegeben hatte.

»Bitte kümmere dich um deinen Vater, wenn ich nicht mehr da bin. Er ist kein schlechter Mensch, es ist nur der

Alkohol, der ihn dazu macht. Versprich mir das!« Und Ewa, der die Krankheit der Mutter emotional sehr zusetzte, hatte genickt und ihre Hand gestreichelt.

Sie möchten gern weiterlesen?
Das Buch ist als E-Book und Taschenbuch
im Buchhandel erhältlich.